A
요크 장식 원피스

어깨끈이 둥근 모양의 요크로 된 원피스입니다. 앞·뒤가
같은 패턴으로 간편하게 만들 수 있습니다. 가슴에 주름을
잡아 밑단으로 퍼지는 실루엣으로 예쁜 색의 원단을 골라
가볍게 입어 주세요.

how to make … p.36

B

태슬 장식 원피스

민소매 스타일로 간단하게 만들 수 있는 원피스입니다.
원단과 같은 색의 자수실을 사용해 태슬 장식을 달아 포
인트를 주었으며, 네크라인이 깊게 파인 디자인이라 안
에 이너와 함께 레이어드 하는 것을 추천합니다.

how to make … p.38

소잉으로 만드는 사계절 원피스

마노 아키코 저

그동안 여자아이 옷 책을 2권 출간했습니다.
여자아이 옷을 만들 때에 늘 생각했던 것은 {작은 여성복} 이었습니다.
심플한 디자인이지만 매력적인 연출이 가능한 아이들용
옷만들기 책이었습니다.

"여자아이 옷과 같은 분위기의 여성복을 만들어 주세요!"
제 책을 봐주신 분들이 저에게 그런 요청을 해 주셔서
이번에는 어른을 위한 원피스 책을 준비했습니다.
디자인은 여자아이 옷을 그대로 가져와 만들었지만,
어른에게 어울리는 실루엣으로 변형한 원피스도 여러 점 준비했습니다.

핸드메이드를 손쉽게 즐기실 수 있도록 단춧구멍은 조금 적게 했고
옆주머니는 전부 같은 패턴으로 수록했습니다. 그마저도 귀찮다면 생략해도 좋습니다.
봄·여름에는 얇은 리넨이나 코튼으로, 가을·겨울에는 울이나 플란넬 등의 조금 두꺼운 원단을
써서 1개의 패턴으로 사계절 내내 즐길 수 있습니다.
반소매나 민소매 디자인은 한 벌만 입어도, 레이어드하여 입어도 분명 멋지다고 생각합니다.

방에서 편하게 입을 수 있는 것부터 외출복까지.
다양한 상황에 맞춰서 사계절 내내 원피스의 멋을 즐겨 보세요.

HANDIS

contents

※본서로 소개한 작품의 전부 또는 일부를 무단으로 상품화, 복제 배포
　및 경진대회 등의 응모 작품으로 출품하는 것을 금합니다.

N
페티코트

비치기 쉬운 리넨이나 살갗이 스미는 울 원피스를 입을 때 실루엣을 방해하지 않고 깔끔하게 입을 수 있는 편리한 아이템입니다. 양 옆선에는 트임을 주어 움직임이 편하도록 만들었습니다.

부드럽고 얇은 원단이기 때문에 칼라에는 트리플
스티치를 하여 팽팽함을 주었습니다.

C
민소매 원피스

앞·뒤몸판의 옆선을 겹친 독특한 디자인의 에이프런 원피스로,
스커트에 잡힌 턱 디테일이 사랑스럽고 세련된 아이템입니다.

how to make … p.46

D

허리 스트링 원피스

네크라인의 잔잔한 주름이 포인트인 원피스입니다. 허리둘레에 스트링
끈을 조여 슬림하게 연출할 수 있으며, 원피스 위에 자켓을 걸쳐 입으면
더욱 멋스러운 스타일이 완성됩니다.

how to make … p.48

E-1
반소매 절개 원피스

어깨에 절개선이 들어간 패널 라인 원피스입니다. 몸판을 모두 같은 원단으로 만들어도 좋지만, 다른 원단이나 색을 배색하여 만드는 것도 재있는 포인트가 됩니다. 화보의 작품은 같은 계열의 리넨을 배색하여 만들었습니다.

how to make … p.42

스커트의 허리 부분은 원단의 셀비지를 겉쪽에서 보이도록
만들었습니다. 원단 끝이 겉으로 나오기 때문에 턱은 신중하
게 잡아주세요.

E-2

긴소매 절개 원피스

E-1 원피스에 긴소매를 단 디자인으로, 허리 시접을 안으로 넣어 깔끔하게 완성했습니다. 왼쪽은 글렌 체크 리넨 원단에 무지 원단을 배색해서 깔끔하게, 오른쪽은 블록 체크 울 원단을 이용해 만들었습니다.

how to make … p.44

F

허리 스트링 긴소매 원피스

D 원피스를 변형한 디자인입니다. 살짝 힘이 있는
원단으로 만들면 조금 퍼지는 실루엣이 되고, 드레
시한 분위기를 연출할 수 있습니다.

how to make ··· p.50

소매 밑단에 트임과 싸개 단추 장식을 더하고 뒷요크에
주름을 주어 클래식한 분위기를 연출했습니다.

G
벌룬 소매 원피스

풍성한 벌룬 소매가 포인트인 원피스입니다. **F** 원피스와
같이 뒷요크에 주름을 잡고 차분한 빨간색의 리넨 원단을
사용해 내추럴하지만 화사하게 만들었습니다.

how to make … p.50

검정색의 가벼운 모직 원단으로 제작해
시크하게 연출했습니다.

H

박스 실루엣 원피스

넉넉한 품으로 편하게 입을 수 있는 원피스입니다.
시원한 샴브레이 원단에 소매 밑단에는 작은 프릴
을 달아 완성했습니다.

how to make … p.57

부드러운 울 원단으로 만든 원피스입니다. 소매에는 커프스를 달았고, 튜닉처럼 입을 수 있어 레이어드 스타일에 잘 어울립니다.

C

민소매 원피스

안에 노칼라 블라우스를 매치하여 작업복 느낌의 코디를 연출
했습니다. 다크 계열 색감의 가디건을 스툴처럼 감아 포인트를
주었습니다.

D

허리 스트링 원피스

적당히 볼륨이 있는 롱원피스에 울 재킷을 매치하면 트렌디한
스타일이 연출됩니다.

민소매 원피스는 이너와 아우터를 매치할 수 있어 오래 입을 수 있는
만능 아이템입니다. 레이어드의 멋을 즐겨보세요.

B

태 슬 장 식 원 피 스

원피스의 색에 맞춰서 우아한 색조의 니트를 매치했습니다.
초가을에 입기 좋은 코디입니다.

L

에 이 프 런 원 피 스

베스트와 스툴을 매치하여 복고 스타일을 연출했습니다. 블랙
레이스 업 슈즈로 분위기를 깔끔하게 잡아주세요.

I-1

V넥 반소매 원피스

앞·뒤중심에 턱을 잡아 A라인 실루엣으로 만든 원피스입니다.
V넥 스타일로 목 라인이 더욱 예뻐 보이며, 소매 밑단에 주름
을 잡아 심플한 디자인에 포인트를 주었습니다.

how to make … p.62

I-2

V넥 긴소매 원피스

I-1 원피스에 긴소매를 달았습니다. 왼쪽은 따뜻한 체크 울 원단,
오른쪽은 남색 계열의 리넨 원단으로 만들었습니다. 원단에 따라
실루엣이 달라지기 때문에 여러 원단으로 만들어보세요.

how to make … p.64

J

화이트 셔츠 원피스

작은 셔츠 칼라와 뒷중심 단추 트임이 포인트인 원피스
입니다. 가볍게 입기 좋은 디자인이며, 소매는 커프스로
깔끔하게 만들었습니다.

how to make … p.59

J

블랙 셔츠 원피스

몸판은 블랙 플란넬 원단, 칼라는 흰색 리넨 울 원단을
이용해 모노톤으로 완성했습니다. 칼라를 밝은 색으로
매치하면 경쾌한 느낌을 줍니다.

how to make … p.59

K

세일러 칼라 원피스

앞중심에 단추단을 넣어 만든 세일러 칼라 원피스입니다.
편하게 입을 수 있도록 칼라 크기와 몸판의 실루엣에 신경
썼습니다. 왼쪽은 울 원단, 오른쪽은 리넨 원단을 사용했
습니다. 코트풍으로도 입을 수 있어 원단에 따라 사계절
내내 착용하기 좋습니다.

how to make … p.54

L

에이프런 원피스

서스펜더 스타일의 에이프런 원피스입니다. 양 옆선에
주머니를 달아 귀엽게 포인트를 주었고, 어깨끈으로 길
이 조절이 가능한 디자인입니다. 얇은 코튼이나 리넨 원
단 등 다양한 원단으로 만들어 활용해보세요.

how to make … p.66

M

스탠드 칼라 데님 원피스

칼라와 앞덧단을 배색하여 포인트를 준 원피스입니다.
간단하게 제작할 수 있는 디자인이며, 양쪽에 주머니를
달아 실용성을 더했습니다.

how to make … p.68

how to make

* 실물크기 패턴은 다른 종이에 베껴서 사용합니다. 패턴지나 트레이싱 페이퍼 등의 비치는 종이에 베껴 사용해주세요.
* 다른 아이템이나 사이즈의 선이 교차하기 때문에 베끼고자 하는 선을 형광펜 등으로 미리 표시해두면 베끼기 편합니다.
* 완성선 외에 올방향선이나 맞춤점, 안단선, 주머니 다는 곳도 잊지 않고 표시합니다.

[사이즈 고르는 방법]

* 이 책에서는 작품을 S / ML / LL 의 3사이즈로 소개하고 있습니다. 일부 작품은 SM / L·LL 의 2사이즈이거나 프리사이즈입니다.
* 사이즈표를 참고하여 자신과 가장 비슷한 치수의 사이즈를 골라주세요. 사이즈 선택이 어려울 때에는 각 작품의 완성 사이즈를 참고해주세요.
* 옷길이는 ML 사이즈를 기준으로 통일했습니다. 길이는 원하는 대로 조절해 주세요. 패턴의 길이를 늘리는 경우에는 그만큼 재단 요척을 더해 주세요.

사이즈표(채촌치수)

단위 : ㎝

사이즈 부위	S	M	L	LL
신장	154~168	154~168	154~168	154~168
가슴둘레	78	82	86	90
허리둘레	59	63	67	71

[원단 사전 준비]

세탁에 의해 줄어듬이나 모양 변형을 막기 위해 원단은 재단 전에 미리 물세탁을 하고, 올 방향 잡기를 합니다.

* 코튼, 린넨 : 충분한 양의 물에 원단을 수 시간 담그고 가볍게 짜내어 주름을 펴서 말린 올방향을 따라 다림질한다.
* 울 : 원단의 안쪽에서 원단이 충분히 젖을 정도로 고르게 분무기로 물을 뿌리고 가지런히 접어 비닐봉지 등에 넣고 습기가 잘 밸 때까지 둔다. 1시간 정도 후, 원단을 꺼내 스팀을 주어 다림질한다.

[재단에 대해서]

* 실물크기 패턴에는 시접이 포함되어 있지 않기 때문에 만드는 방법 페이지의 재단배치도를 참고하여 시접을 더한 후 원단을 재단합니다.
* 재단배치도는 사이즈에 따라 패턴의 배치가 바뀌는 경우도 있으니 재단 전에 원단에 패턴을 놓아 요척을 확인해 주세요.
* 직선으로만 된 패턴은 재단배치도에 기재된 치수로 패턴을 만들거나 원단에 직접 선을 그려서 재단합니다.

[바이어스천 재단 방법]

바이어스천이란 식서에 대하여 각도 45°(정바이어스)로 재단한 테이프 모양의 원단입니다. 신축성이 있어서 목둘레, 암홀둘레 처리나 바이어스 처리 등에 사용합니다.

원단의 세로, 가로에 같은 치수(▲)를 표시하고 비스듬한 선을 그립니다. 그 사선과 평행하게 바이어스천의 폭을 재서 자릅니다. 1개로 길이가 부족한 경우에는 2개를 오른쪽 그림의 방법으로 연결하여 사용합니다.

재단 방법

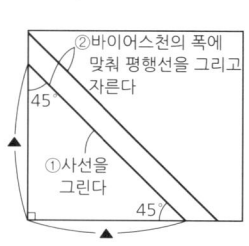

②바이어스천의 폭에 맞춰 평행선을 그리고 자른다
①사선을 그린다
45

연결하는 방법

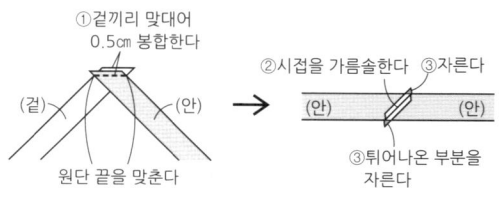

①겉끼리 맞대어 0.5㎝ 봉합한다
(겉) (안)
원단 끝을 맞춘다
②시접을 가름솔한다 ③자른다
(안) (안)
③튀어나온 부분을 자른다

[원단 끝 정리 방법]

지그재그봉제 또는 오버록 처리 이외의 방법을 소개합니다.

· **두 번 접어 상침한다**

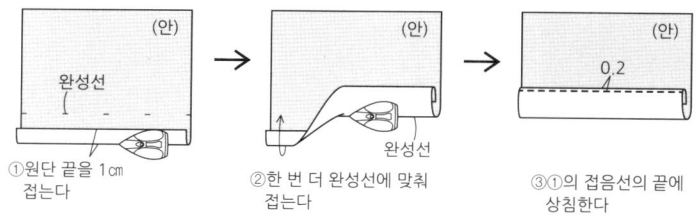

(안) (안) (안)
완성선
완성선
0.2
①원단 끝을 1㎝ 접는다
②한 번 더 완성선에 맞춰 접는다
③①의 접음선의 끝에 상침한다

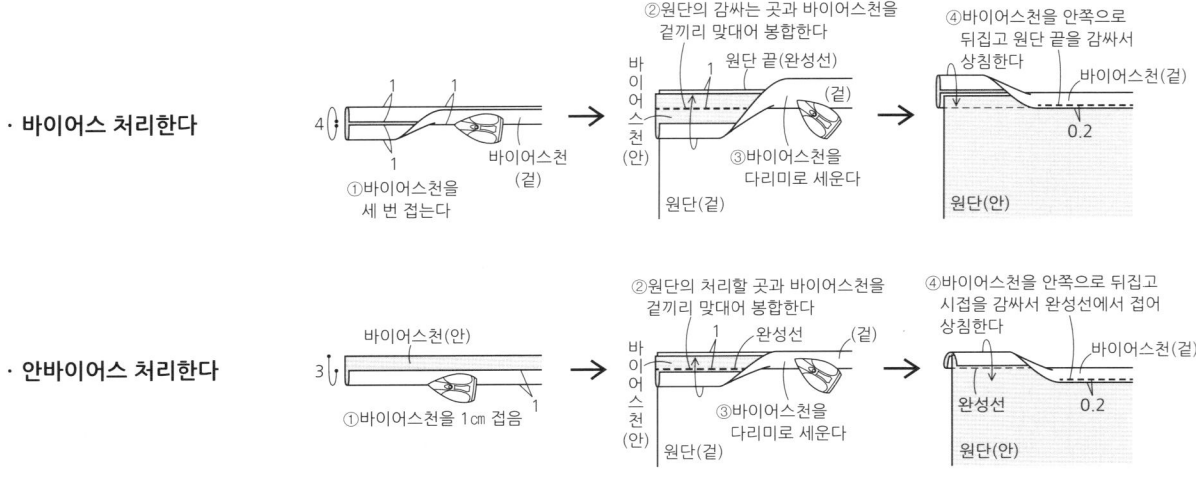

· 바이어스 처리한다

· 안바이어스 처리한다

[주 름 잡 는 방 법] 미싱으로 봉합하여 주름을 잡는 방법입니다.
주름을 잡는 부분이 짧은 경우에는 홈질해도 좋습니다.

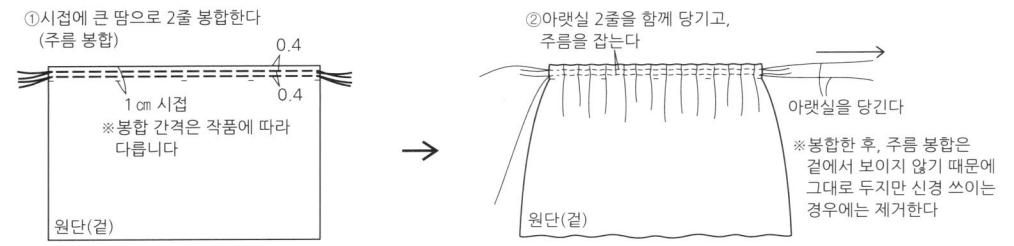

[옆 주 머 니 만 드 는 방 법] 몸판이나 스커트의 옆선에 달아 겉에서 보이지 않는 주머니입니다.

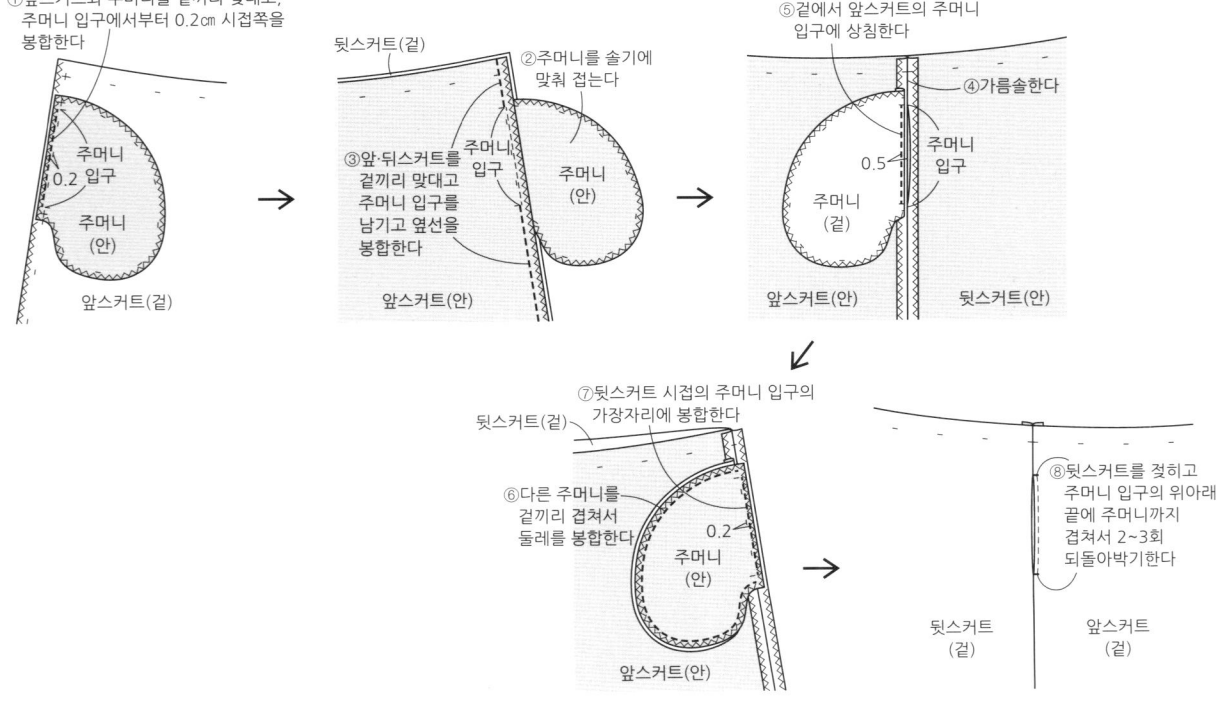

[소 매 다 는 방 법]
소매산의 높이 등에 따라 소매 다는 방법을 다르게 했습니다.

a 소매를 만들어 몸판에 단다(소매산이 높다)

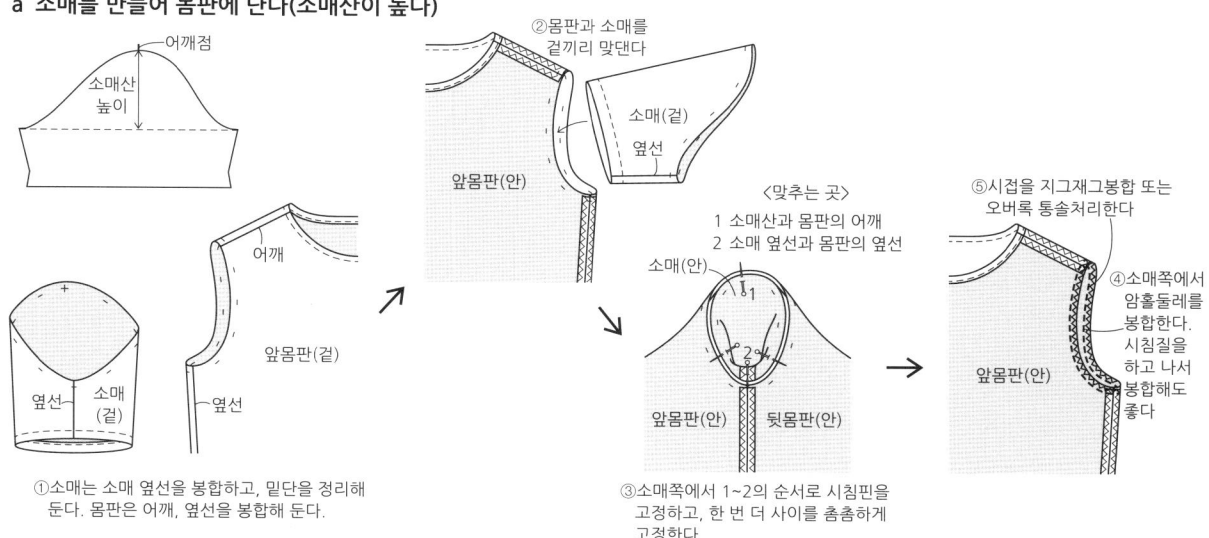

①소매는 소매 옆선을 봉합하고, 밑단을 정리해 둔다. 몸판은 어깨, 옆선을 봉합해 둔다.

〈맞추는 곳〉
1 소매산과 몸판의 어깨
2 소매 옆선과 몸판의 옆선

②몸판과 소매를 겉끼리 맞댄다

③소매쪽에서 1~2의 순서로 시침핀을 고정하고, 한 번 더 사이를 촘촘하게 고정한다

④소매쪽에서 암홀둘레를 봉합한다. 시침질을 하고 나서 봉합해도 좋다

⑤시접을 지그재그봉합 또는 오버록 통솔처리한다

b 몸판과 소매의 암홀둘레를 봉합하고 다시 옆선을 한 번에 이어서 봉합한다(소매산이 낮다)

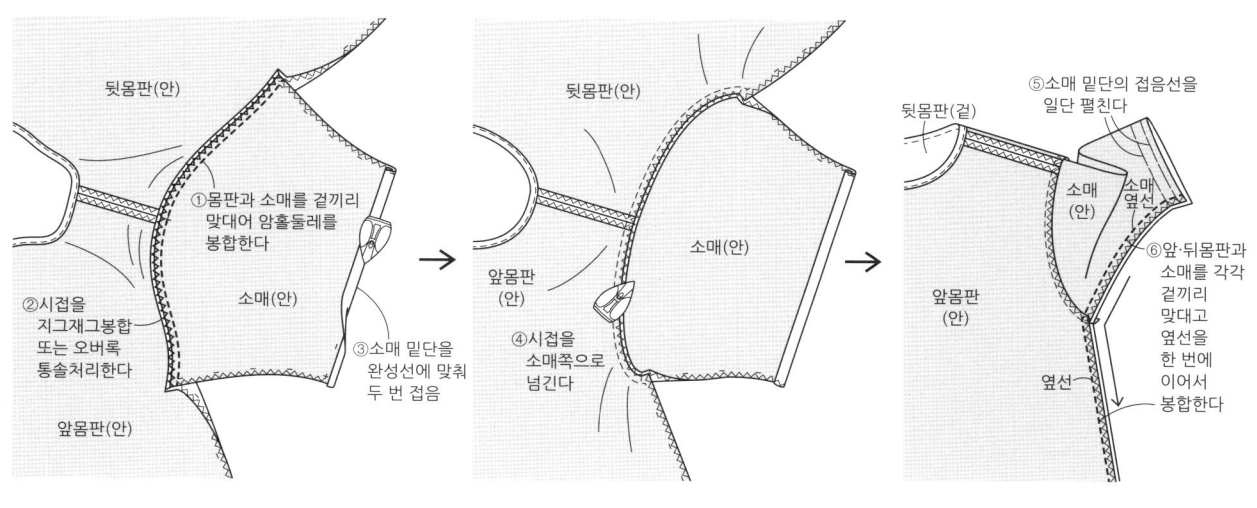

①몸판과 소매를 겉끼리 맞대어 암홀둘레를 봉합한다

②시접을 지그재그봉합 또는 오버록 통솔처리한다

③소매 밑단을 완성선에 맞춰 두 번 접음

④시접을 소매쪽으로 넘긴다

⑤소매 밑단의 접음선을 일단 펼친다

⑥앞·뒤몸판과 소매를 각각 겉끼리 맞대고 옆선을 한 번에 이어서 봉합한다

[걸 고 리 다 는 방 법]
걸고리(훅 앤 아이)는 지퍼나 단추 트임 윗부분을 고정하는 도구로 사용됩니다.

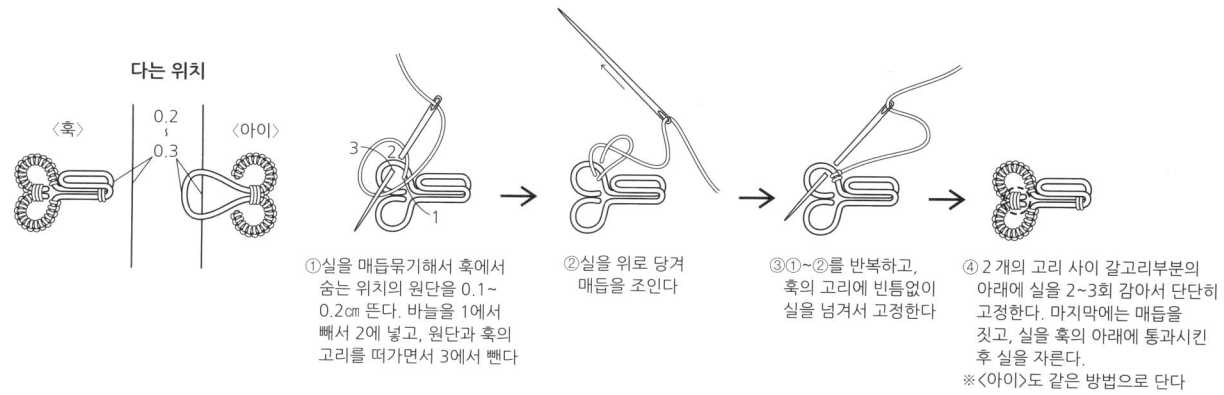

다는 위치

〈훅〉 0.2~0.3 〈아이〉

①실을 매듭묶기해서 훅에서 숨는 위치의 원단을 0.1~0.2㎝ 뜬다. 바늘을 1에서 빼서 2에 넣고, 원단과 훅의 고리를 뜨가면서 3에서 뺀다

②실을 위로 당겨 매듭을 조인다

③①~②를 반복하고, 훅의 고리에 빈틈없이 실을 넘겨서 고정한다

④2개의 고리 사이 갈고리부분의 아래에 실을 2~3회 감아서 단단히 고정한다. 마지막에는 매듭을 짓고, 실을 훅의 아래에 통과시킨 후 실을 자른다
※〈아이〉도 같은 방법으로 단다

A

요크 장식 원피스

p.03

[완성 사이즈]　＊왼쪽에서부터 S / ML / LL 사이즈
가슴둘레＝170 / 176 / 184㎝
옷길이＝118㎝(원하는 길이에 맞춰 조절한다)

[패턴]　2면 뒤

[재료]　＊모든 사이즈 공통
리넨＝140㎝폭 x 250㎝
접착심(소잉심지)＝90㎝폭 x 35㎝

[준비]
＊앞·뒤요크, 앞몸판의 주머니 입구에 접착심(소잉심지)을 붙인다.
＊앞·뒤몸판의 옆선, 주머니의 둘레에 지그재그봉제 또는 오버록
  처리한다. → 재단배치도 참고

[만드는 방법]
1 암홀둘레를 바이어스 처리한다
2 몸판에 주름을 잡고, 겉요크를 단다
3 몸판의 옆선에 주머니를 단다 → p.34 참고
4 요크의 어깨를 봉합한다
5 겉·안요크를 봉합한다
6 몸판의 밑단을 1㎝ / 2㎝ 로 두 번 접어 0.2㎝ 간격으로 상침한다
  → p.33 참고

[만드는 방법]

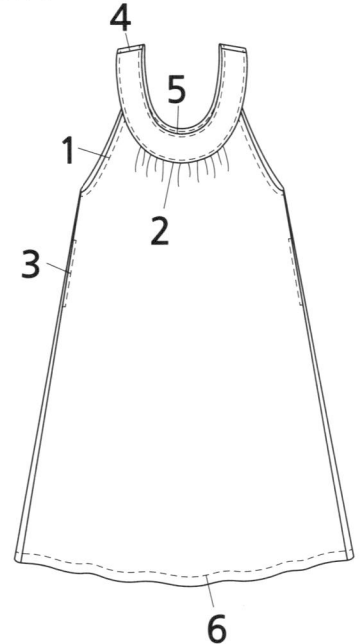

[재단배치도]

＊지정 이외의 시접은 1㎝
＊앞·뒤암홀둘레 바이어스천은 직접
  제도하여 사용합니다
＊□□□ 부분에 접착심(소잉심지)을 붙인다
＊요척은 S / ML / LL 사이즈 공통

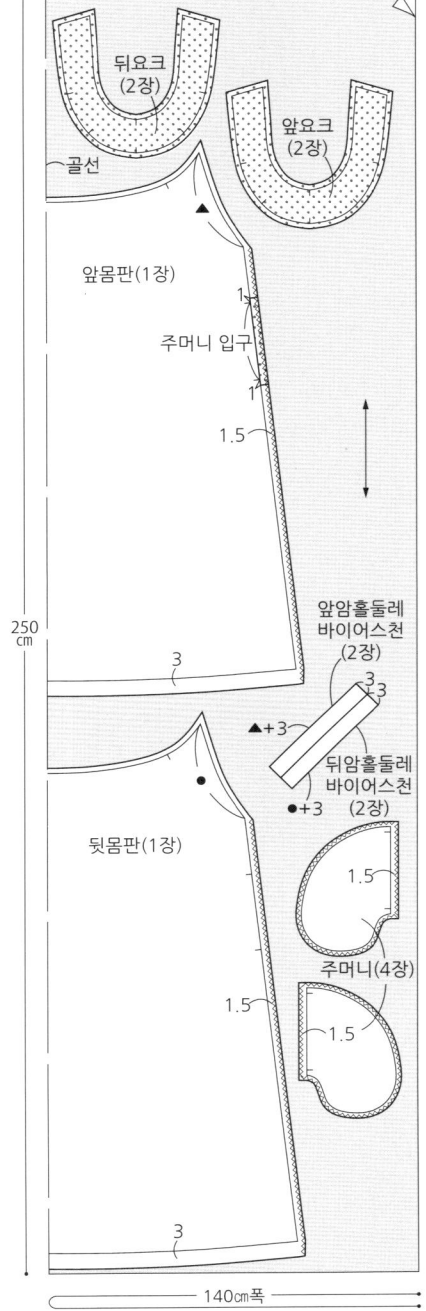

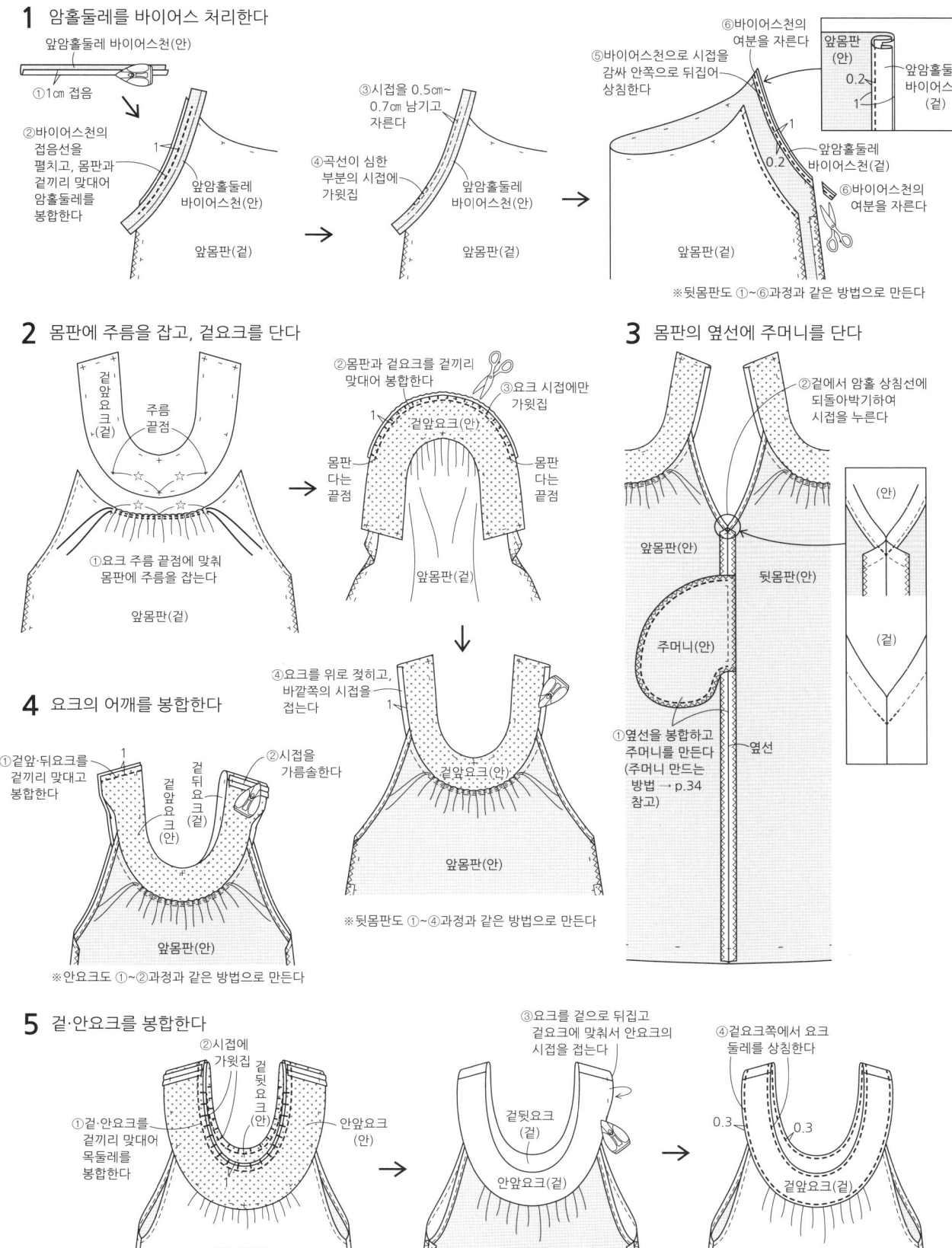

1 암홀둘레를 바이어스 처리한다

앞암홀둘레 바이어스천(안)
①1cm 접음
②바이어스천의 접음선을 펼치고, 몸판과 겉끼리 맞대어 암홀둘레를 봉합한다
앞암홀둘레 바이어스천(안)
앞몸판(겉)

③시접을 0.5cm~0.7cm 남기고 자른다
④곡선이 심한 부분의 시접에 가윗집
앞암홀둘레 바이어스천(안)
앞몸판(겉)

⑤바이어스천으로 시접을 감싸 안쪽으로 뒤집어 상침한다
⑥바이어스천의 여분을 자른다
앞몸판(안)
0.2
1
앞암홀둘레 바이어스천(겉)
앞암홀둘레 바이어스천(겉)
0.2
앞몸판(겉)
⑥바이어스천의 여분을 자른다

※뒷몸판도 ①~⑥과정과 같은 방법으로 만든다

2 몸판에 주름을 잡고, 겉요크를 단다

겉앞요크(겉)
주름 끝점
①요크 주름 끝점에 맞춰 몸판에 주름을 잡는다
앞몸판(겉)

②몸판과 겉요크를 겉끼리 맞대어 봉합한다
③요크 시접에만 가윗집
겉앞요크(안)
1
몸판 다는 끝점
몸판 다는 끝점
앞몸판(겉)

④요크를 위로 젖히고, 바깥쪽의 시접을 접는다
1
겉앞요크(안)
앞몸판(안)

※뒷몸판도 ①~④과정과 같은 방법으로 만든다

3 몸판의 옆선에 주머니를 단다

②겉에서 암홀 상침선에 되돌아박기하여 시접을 누른다
앞몸판(안)
뒷몸판(안)
주머니(안)
①옆선을 봉합하고 주머니를 만든다 (주머니 만드는 방법 → p.34 참고)
옆선
(안)
(겉)

4 요크의 어깨를 봉합한다

①겉앞·뒤요크를 겉끼리 맞대고 봉합한다
1
겉앞요크(안)
겉뒤요크(겉)
②시접을 가름솔한다
앞몸판(안)

※안요크도 ①~②과정과 같은 방법으로 만든다

5 겉·안요크를 봉합한다

②시접에 가윗집
겉뒤요크(안)
①겉·안요크를 겉끼리 맞대어 목둘레를 봉합한다
안앞요크(안)
1
앞몸판(겉)

③요크를 겉으로 뒤집고 겉요크에 맞춰서 안요크의 시접을 접는다
겉뒷요크(겉)
안앞요크(겉)
앞몸판(안)

④겉요크쪽에서 요크 둘레를 상침한다
0.3
0.3
겉앞요크(겉)
앞몸판(겉)

B

태슬 장식 원피스

p.04

[완성 사이즈]   * 왼쪽에서부터 S / ML / LL 사이즈
가슴둘레 = 134 / 140 / 148㎝
옷길이 = 112㎝(원하는 길이에 맞춰 조절한다)

[패턴]   2면 앞

[재료]   * 모든 사이즈 공통
코튼 = 110㎝폭 x 235㎝
접착심(소잉심지) = 10㎝폭 x 50㎝
자수실 = 원단과 같은 색 1팩(8m)

[준비]
* 겉·안칼라에 접착심(소잉심지)을 붙인다.
* 앞·뒤몸판의 어깨에 지그재그봉제 또는 오버록 처리한다.
  → 재단배치도 참고

[만드는 방법]
1 태슬을 만든다
2 앞·뒤스커트에 주름을 잡고, 몸판과 연결한다
3 앞몸판의 앞중심을 봉합하고, 태슬을 달아 트임을 만든다
4 몸판의 어깨를 봉합한다
5 칼라를 만들어 몸판에 단다
6 몸판의 옆선을 봉합하고, 암홀둘레를 정리한다
7 스커트의 밑단을 정리한다

[만드는 방법]

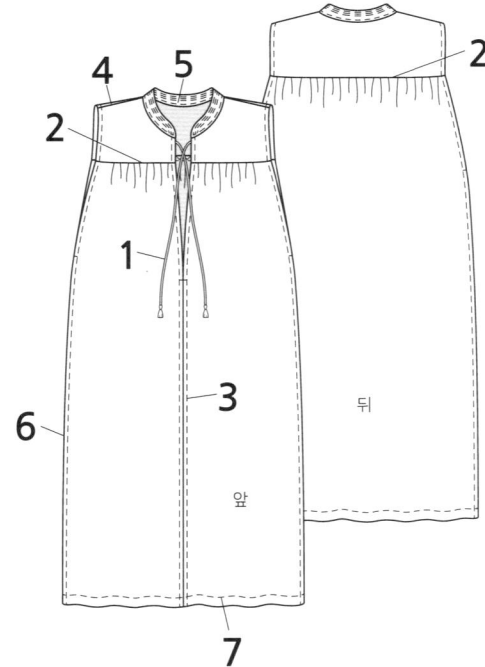

[재단배치도]

* 지정 이외의 시접은 1㎝
* ▨▨ 부분에 접착심(소잉심지)을 붙인다
* 요척은 S / ML / LL 사이즈 공통

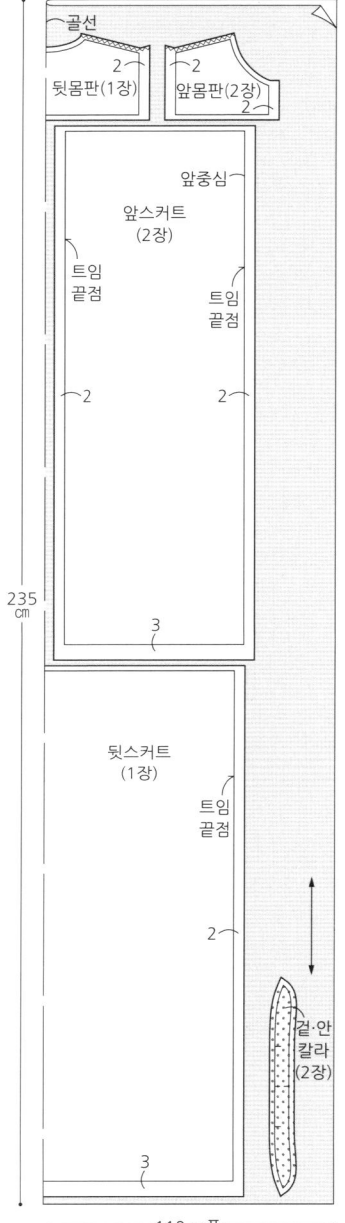

1 태슬을 만든다

자수실(2개분) : 꼬임용 = 1m90㎝ 2줄
태슬용 = 1m80㎝ 2줄
나머지 = 매듭용

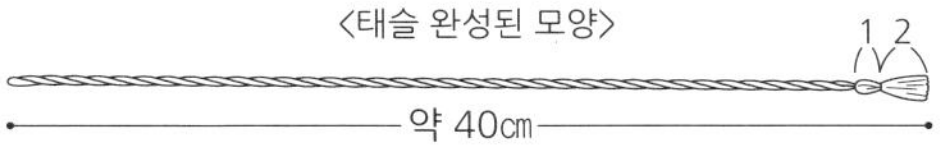

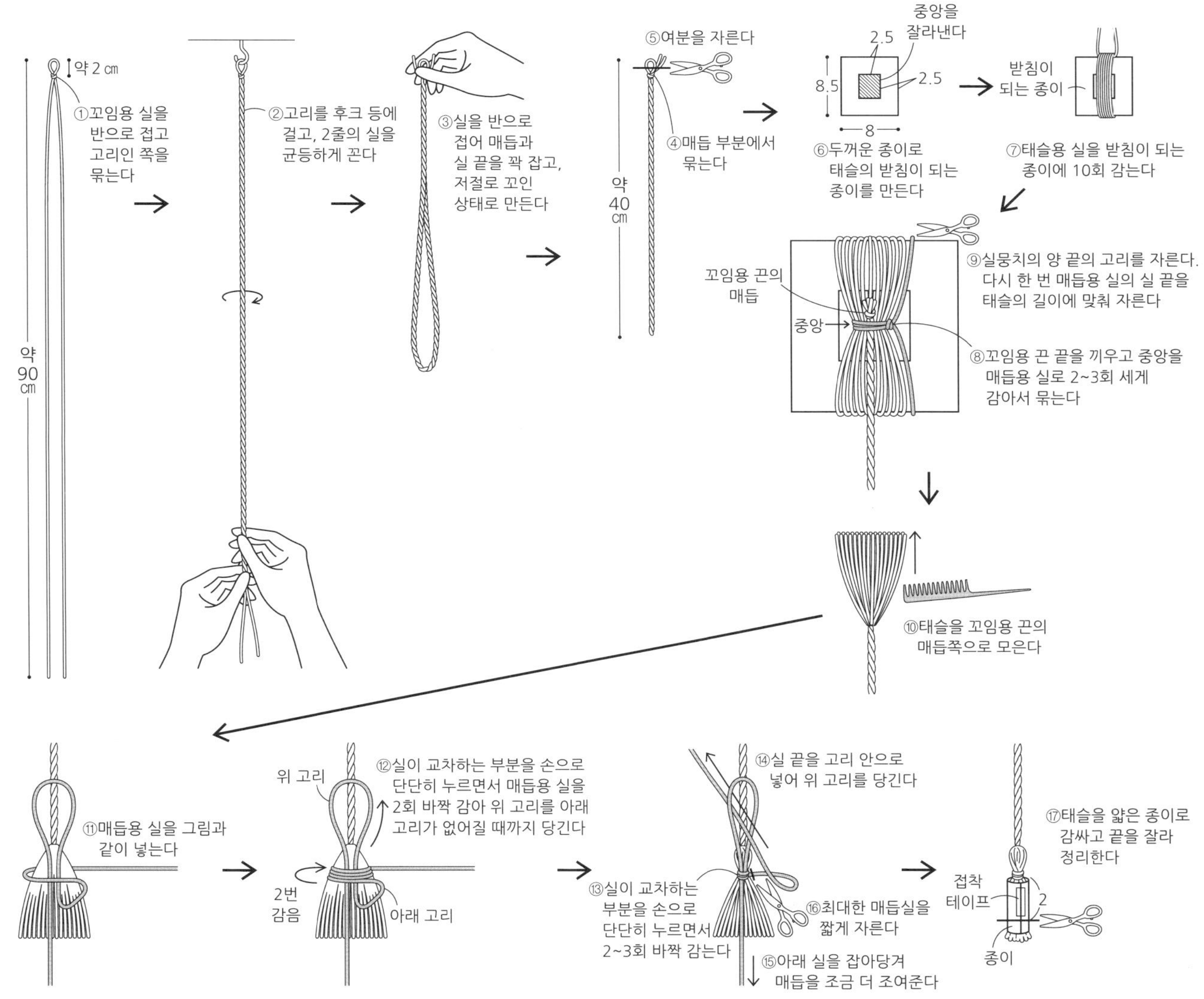

〈태슬 완성된 모양〉

약 40㎝

약 2㎝

①꼬임용 실을
반으로 접고
고리인 쪽을
묶는다

②고리를 후크 등에
걸고, 2줄의 실을
균등하게 꼰다

③실을 반으로
접어 매듭과
실 끝을 꽉 잡고,
저절로 꼬인
상태로 만든다

약 90㎝

⑤여분을 자른다

④매듭 부분에서
묶는다

약 40㎝

중앙을
잘라낸다

2.5
8.5
2.5
8

⑥두꺼운 종이로
태슬의 받침이 되는
종이를 만든다

받침이
되는 종이

⑦태슬용 실을 받침이 되는
종이에 10회 감는다

꼬임용 끈의
매듭

중앙

⑨실뭉치의 양 끝의 고리를 자른다.
다시 한 번 매듭용 실의 실 끝을
태슬의 길이에 맞춰 자른다

⑧꼬임용 끈 끝을 끼우고 중앙을
매듭용 실로 2~3회 세게
감아서 묶는다

⑩태슬을 꼬임용 끈의
매듭쪽으로 모은다

위 고리

①매듭용 실을 그림과
같이 넣는다

2번
감음

아래 고리

⑫실이 교차하는 부분을 손으로
단단히 누르면서 매듭용 실을
2회 바짝 감아 위 고리를 아래
고리가 없어질 때까지 당긴다

⑬실이 교차하는
부분을 손으로
단단히 누르면서
2~3회 바짝 감는다

⑭실 끝을 고리 안으로
넣어 위 고리를 당긴다

⑯최대한 매듭실을
짧게 자른다

⑮아래 실을 잡아당겨
매듭을 조금 더 조여준다

⑰태슬을 얇은 종이로
감싸고 끝을 잘라
정리한다

접착
테이프

종이

2

2 앞·뒤스커트에 주름을 잡고, 몸판과 연결한다

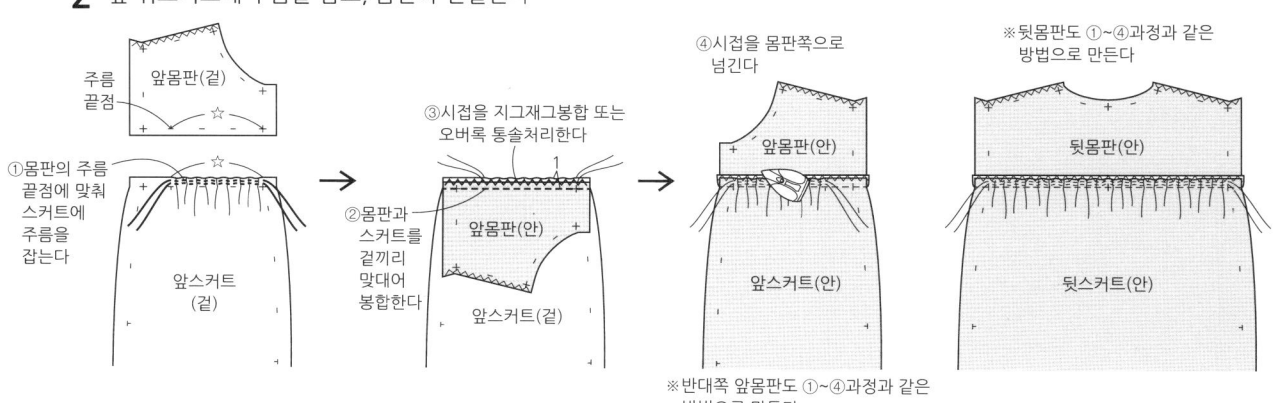

주름
끝점

앞몸판(겉)

①몸판의 주름
끝점에 맞춰
스커트에
주름을
잡는다

앞스커트
(겉)

③시접을 지그재그봉합 또는
오버록 통솔처리한다

②몸판과
스커트를
겉끼리 맞대어
봉합한다

앞몸판(안)

앞스커트(겉)

④시접을 몸판쪽으로
넘긴다

앞몸판(안)

앞스커트(안)

※반대쪽 앞몸판도 ①~④과정과 같은
방법으로 만든다

※뒷몸판도 ①~④과정과 같은
방법으로 만든다

뒷몸판(안)

뒷스커트(안)

3 앞몸판의 앞중심을 봉합하고, 태슬을 달아 트임을 만든다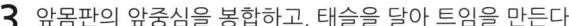

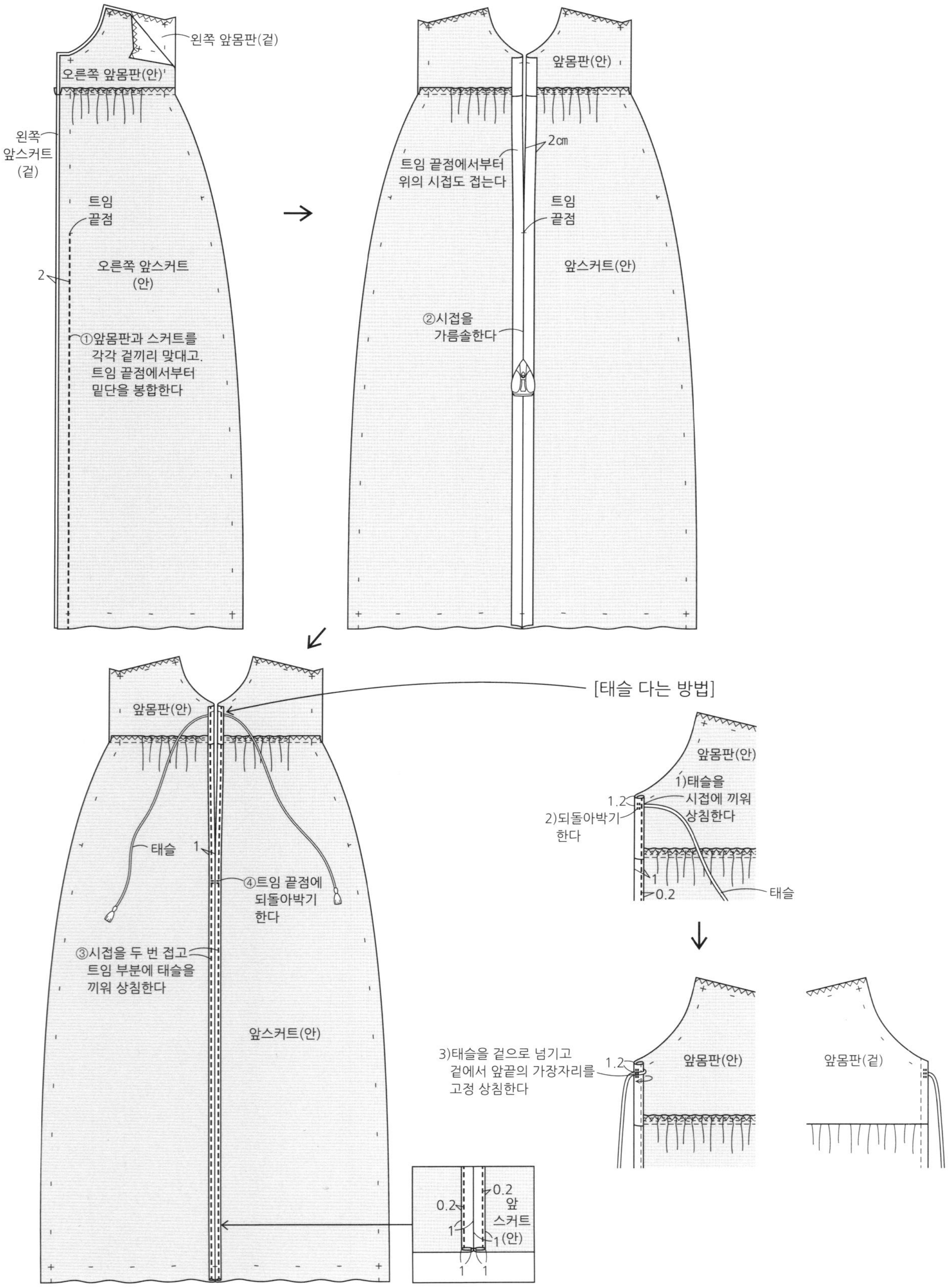

왼쪽 앞몸판(겉)

오른쪽 앞몸판(안)

왼쪽
앞스커트
(겉)

트임
끝점

2

오른쪽 앞스커트
(안)

①앞몸판과 스커트를
각각 겉끼리 맞대고,
트임 끝점에서부터
밑단을 봉합한다

앞몸판(안)

2cm

트임 끝점에서부터
위의 시접도 접는다

트임
끝점

앞스커트(안)

②시접을
가름솔한다

앞몸판(안)

태슬   1

④트임 끝점에
되돌아박기
한다

③시접을 두 번 접고
트임 부분에 태슬을
끼워 상침한다

앞스커트(안)

0.2   0.2
        앞
1   스커트
       (안)
    1
1   1

[태슬 다는 방법]

앞몸판(안)

1.2
1)태슬을
시접에 끼워
상침한다

2)되돌아박기
한다

1
0.2

태슬

3)태슬을 겉으로 넘기고
겉에서 앞끝의 가장자리를
고정 상침한다

1.2

앞몸판(안)

앞몸판(겉)

4 몸판의 어깨를 봉합한다

①앞·뒷몸판을 겉끼리 맞대어 어깨를 봉합한다

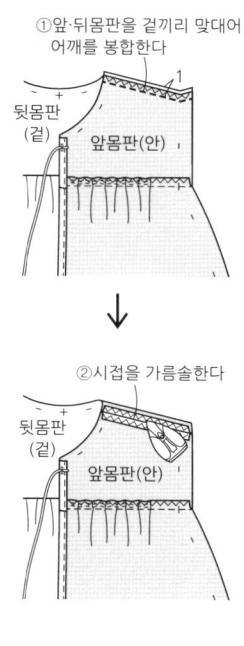

뒷몸판
(겉)

앞몸판(안)

②시접을 가름솔한다

뒷몸판
(겉)

앞몸판(안)

5 칼라를 만들어 몸판에 단다

①칼라를 겉끼리 맞대어 바깥둘레를 봉합한다

안칼라(겉)

1㎝ 남긴다   겉칼라(안)   1㎝ 남긴다

②시접을 자른다

0.5

겉칼라(안)

③겉으로 뒤집어 정리한다

겉칼라(겉)

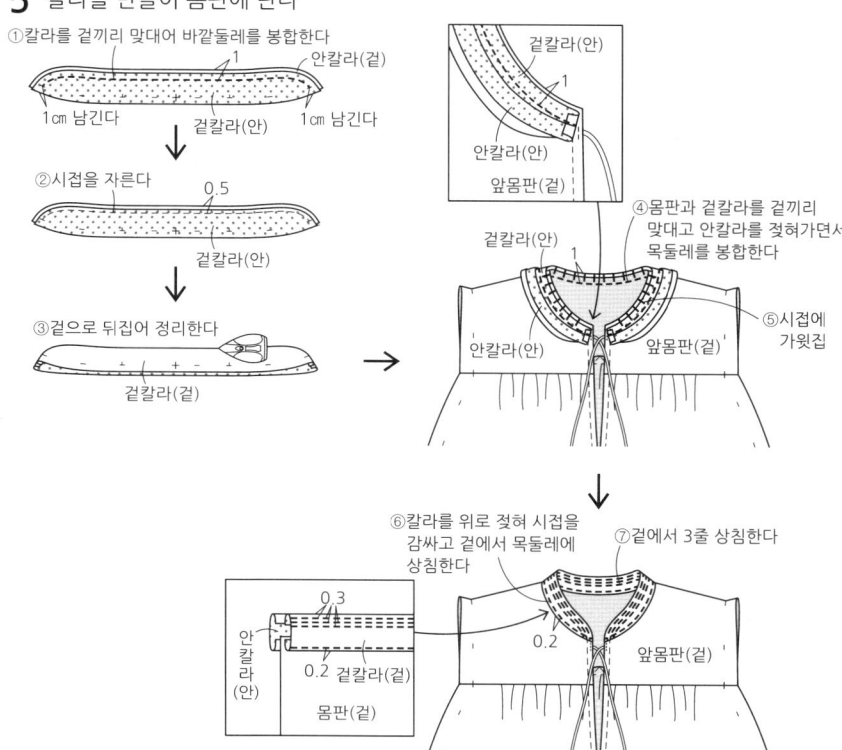

겉칼라(안)
안칼라(안)
앞몸판(겉)

④몸판과 겉칼라를 겉끼리 맞대고 안칼라를 젖혀가면서 목둘레를 봉합한다

겉칼라(안)   1

안칼라(안)   앞몸판(겉)

⑤시접에 가윗집

⑥칼라를 위로 젖혀 시접을 감싸고 겉에서 목둘레에 상침한다

⑦겉에서 3줄 상침한다

안칼라(안)   0.3

0.2   겉칼라(겉)

0.2

몸판(겉)

앞몸판(겉)

6 몸판의 옆선을 봉합하고, 암홀둘레를 정리한다

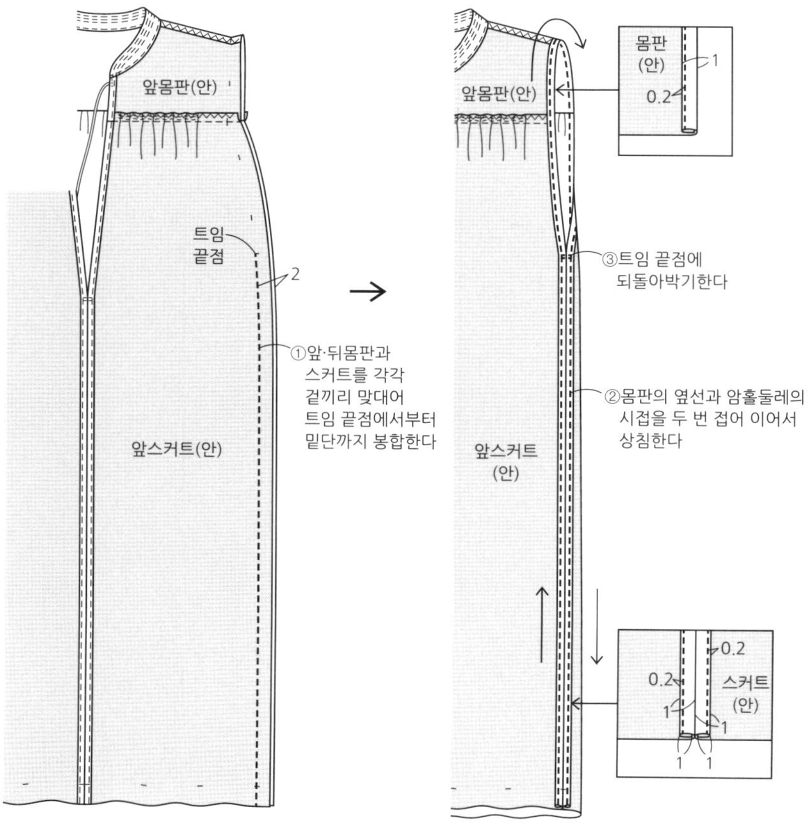

앞몸판(안)

트임 끝점

2

①앞·뒤몸판과 스커트를 각각 겉끼리 맞대어 트임 끝점에서부터 밑단까지 봉합한다

앞스커트(안)

앞몸판(안)

몸판(안)   1

0.2

③트임 끝점에 되돌아박기한다

②몸판의 옆선과 암홀둘레의 시접을 두 번 접어 이어서 상침한다

앞스커트
(안)

0.2   0.2

1   스커트(안)

1   1

1   1

7 스커트의 밑단을 정리한다

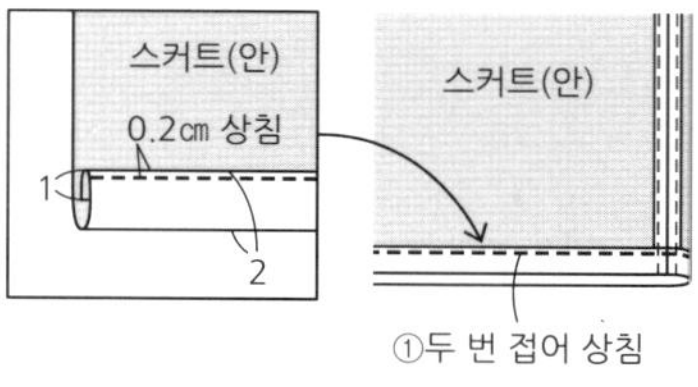

스커트(안)

0.2㎝ 상침

1

2

①두 번 접어 상침

스커트(안)

E-1

반소매 절개 원피스

p.08

[완성 사이즈] * 왼쪽에서부터 S / ML / LL 사이즈
가슴둘레 = 103 / 105 / 110㎝
소매둘레 = 22.5 / 23 / 23.5㎝
옷길이 = 117㎝ (원하는 길이에 맞춰 조절한다)

[패턴] 1면 뒤, 주머니는 2면 뒤

[재료] * 왼쪽에서부터 S / ML / LL 사이즈
리넨 = 150㎝폭 x 155 / 155 / 165㎝
코튼 리넨 스트라이프 = 110㎝폭 x 80㎝
접착심(소잉심지) = 15㎝폭 x 60㎝
지퍼 = 56㎝ 1개
걸고리 = 1쌍

[준비]
* 뒷몸판과 뒷스커트의 지퍼 다는 곳, 앞스커트의 주머니 입구에
  접착심(소잉심지)을 붙인다.
* 앞·뒤몸판의 허리, 어깨, 뒷몸판의 뒷중심, 앞·뒤옆판감의 옆선, 허리,
  어깨, 앞·뒤스커트의 옆선, 뒷스커트의 뒷중심, 소매의 옆선, 주머니의
  둘레에 지그재그봉제 또는 오버록 처리한다 → 재단배치도 참고

[만드는 방법]
1 몸판의 절개선을 봉합한다
2 몸판의 어깨를 봉합한다
3 몸판에 소매를 단다 → p.35-b 참고
4 몸판과 소매의 옆선을 한 번에 이어서 봉합한다
5 소매 밑단을 1㎝ / 2㎝ 두 번 접어 0.2㎝ 간격으로 상침한다
   → p.33 참고
6 스커트의 옆선에 주머니를 단다 → p.34 참고

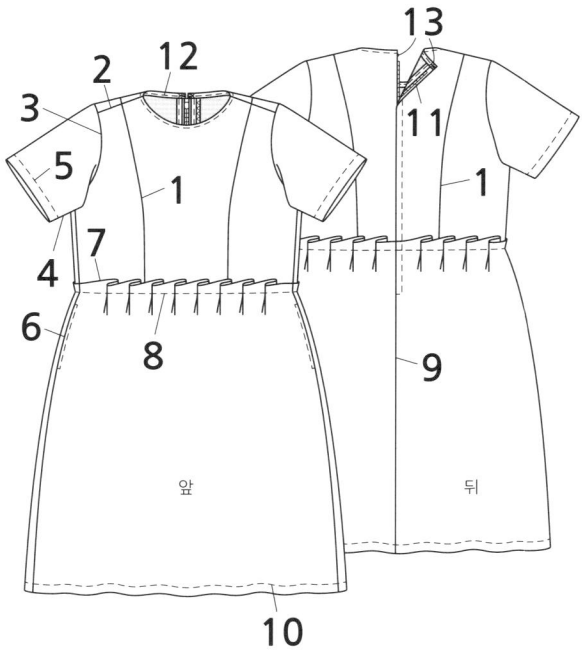

7 스커트에 턱을 잡는다
8 몸판과 스커트를 연결한다
9 스커트의 뒷중심을 봉합한다
10 스커트의 밑단을 1㎝ / 2㎝ 두 번 접어 0.2㎝ 간격으로 상침한다
   → p.33 참고
11 몸판에 지퍼를 단다
12 목둘레를 바이어스 처리한다
13 몸판에 걸고리를 단다 → p.35 참고

[재단배치도]

* 지정 이외의 시접은 1㎝
* 목둘레 바이어스천은 직접 제도하여 사용합니다
* ▨ 부분에 접착심(소잉심지)을 붙인다
* 요척은 위에서부터 S / ML / LL 사이즈

리넨

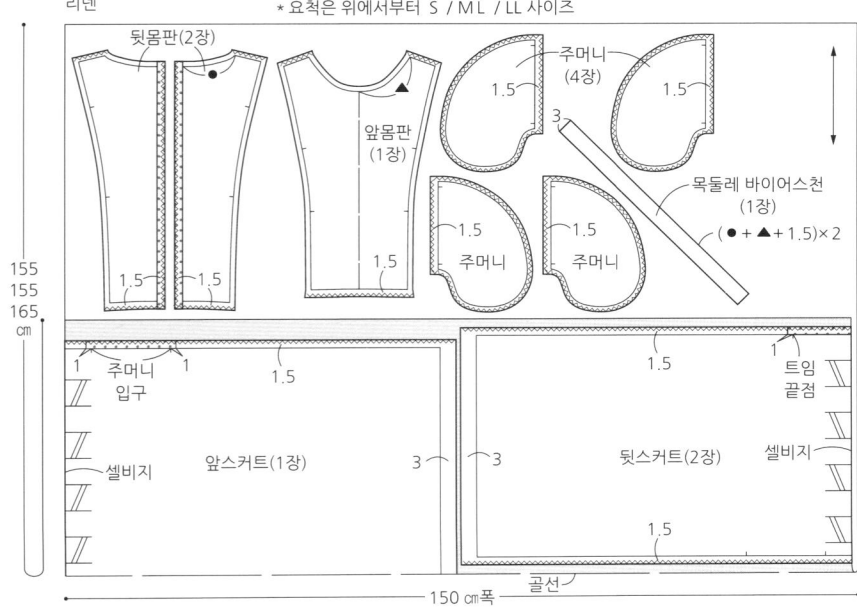

코튼 리넨 스트라이프

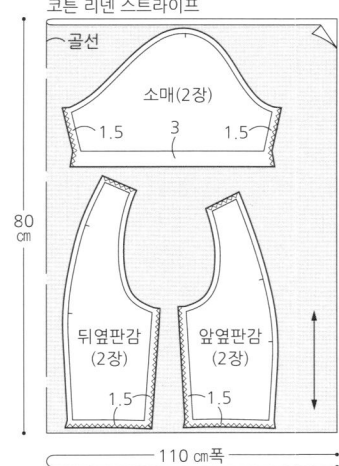

1 몸판의 절개선을 봉합한다

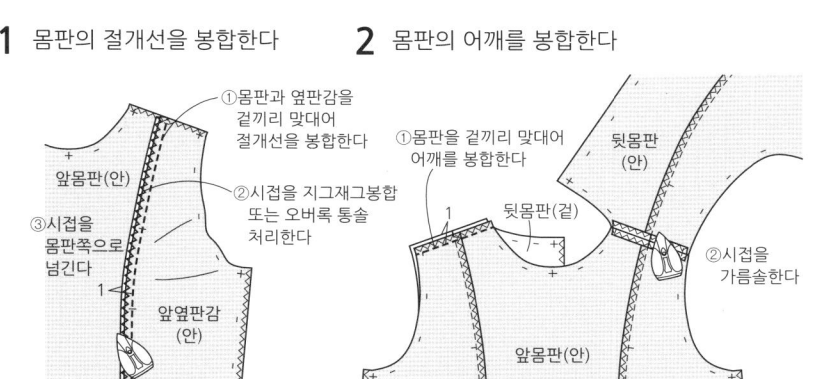

①몸판과 옆판감을 겉끼리 맞대어 절개선을 봉합한다

앞몸판(안)

②시접을 지그재그봉합 또는 오버록 통솔 처리한다

③시접을 몸판쪽으로 넘긴다

1

앞옆판감(안)

※반대쪽과 뒷몸판도 ①~③과정과 같은 방법으로 만든다

2 몸판의 어깨를 봉합한다

①몸판을 겉끼리 맞대어 어깨를 봉합한다

1

뒷몸판(안)

뒷몸판(겉)

②시접을 가름솔한다

앞몸판(안)

4 몸판과 소매의 옆선을 한 번에 이어서 봉합한다

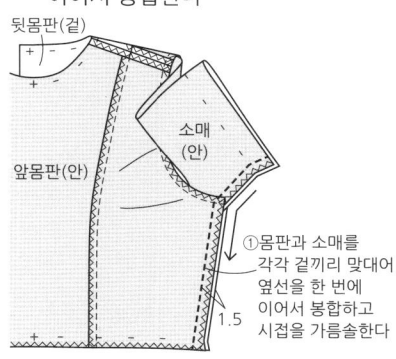

뒷몸판(겉)

소매(안)

앞몸판(안)

①몸판과 소매를 각각 겉끼리 맞대어 옆선을 한 번에 이어서 봉합하고 시접을 가름솔한다

1.5

7 스커트에 턱을 잡는다

뒷스커트(안)

셀비지

1.5

①턱을 잡고 다리미로 정리한다

②임시고정 봉합한다

앞스커트(겉)

※임시고정 봉합 : 땀의 폭을 최대한 크게

8 몸판과 스커트를 연결한다

앞몸판(겉)

①몸판 위에 스커트의 허리를 겹친다

③임시고정 봉합한 실을 제거한다

셀비지

1.5

맞춘다

2

②2cm 고정 봉합한다

앞스커트(겉)

9 스커트의 뒷중심을 봉합한다

오른쪽 뒷몸판(안)

오른쪽 뒷몸판(안)

트임 끝점

1.5

①뒷스커트를 겉끼리 맞대어 트임 끝점에서 부터 밑단을 봉합하고 시접을 가름솔한다

왼쪽 뒷스커트(겉)

오른쪽 뒷스커트(안)

11 몸판에 지퍼를 단다

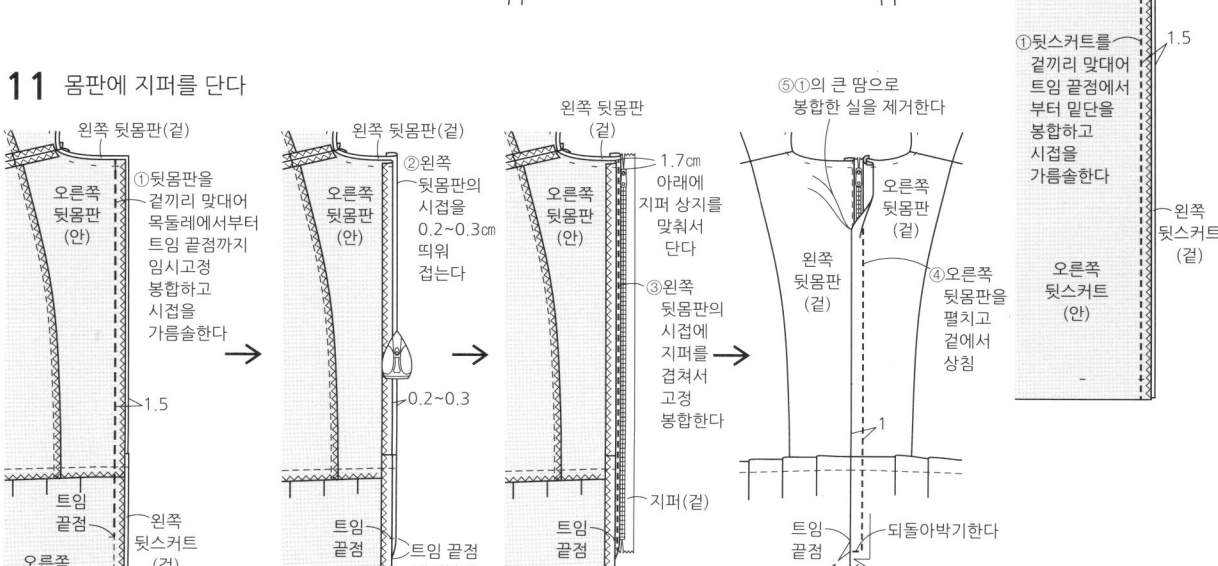

왼쪽 뒷몸판(겉)

오른쪽 뒷몸판(안)

①뒷몸판을 겉끼리 맞대어 목둘레에서부터 트임 끝점까지 임시고정 봉합하고 시접을 가름솔한다

1.5

트임 끝점

왼쪽 뒷스커트(겉)

오른쪽 뒷스커트(안)

왼쪽 뒷몸판(겉)

오른쪽 뒷몸판(안)

②왼쪽 뒷몸판의 시접을 0.2~0.3cm 띄워 접는다

0.2~0.3

트임 끝점

트임 끝점에서부터 3cm 아래까지

왼쪽 뒷몸판(겉)

오른쪽 뒷몸판(안)

1.7cm 아래에 지퍼 상지를 맞춰서 단다

③왼쪽 뒷몸판의 시접에 지퍼를 겹쳐서 고정 봉합한다

트임 끝점

지퍼(겉)

⑤①의 큰 땀으로 봉합한 실을 제거한다

왼쪽 뒷몸판(겉)

오른쪽 뒷몸판(겉)

④오른쪽 뒷몸판을 펼치고 겉에서 상침

트임 끝점

1

되돌아박기한다

1

12 목둘레를 바이어스 처리한다

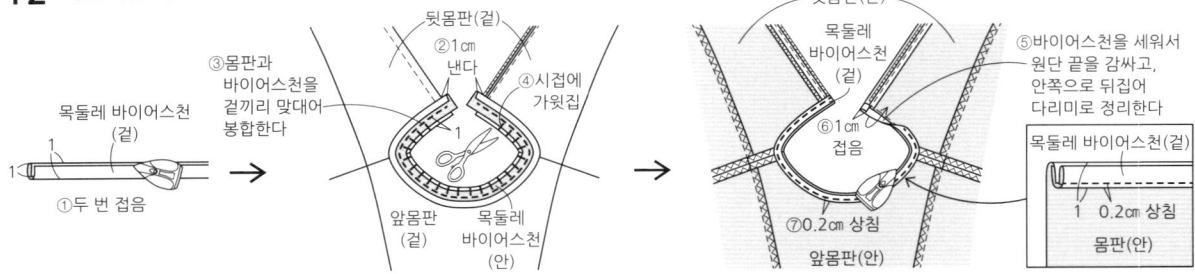

목둘레 바이어스천(겉)
1
①두 번 접음

③몸판과 바이어스천을 겉끼리 맞대어 봉합한다

뒷몸판(겉)
②1cm 낸다
④시접에 가윗집
앞몸판(겉)
목둘레 바이어스천(안)

뒷몸판(안)
목둘레 바이어스천(겉)
⑤바이어스천을 세워서 원단 끝을 감싸고, 안쪽으로 뒤집어 다리미로 정리한다
⑥1cm 접음
⑦0.2cm 상침
앞몸판(안)

목둘레 바이어스천(겉)
1   0.2cm 상침
몸판(안)

E-2

긴 소 매 절 개 원 피 스

p.10

왼쪽 : 리넨 원피스 / 오른쪽 : 울 원피스

[완성 사이즈] * 왼쪽에서부터 S / ML / LL 사이즈
가슴둘레 = 100 / 104 / 110㎝
소매길이 = 50.5 / 51 / 51.5㎝
옷길이 = 117㎝ (원하는 길이에 맞춰 조절한다)

[패턴] 1면 뒤, 주머니는 2면 뒤

[리넨 원피스 재료] * 왼쪽에서부터 S / ML / LL 사이즈
리넨(체크) = 152㎝폭 x 220㎝ / 220㎝ / 225㎝
리넨 = 152㎝폭 x 55㎝ / 55㎝ / 60㎝
접착심(소잉심지) = 15㎝폭 x 60㎝
지퍼 = 56㎝ 1개
걸고리 = 1쌍

[울 원피스 재료] * 모든 사이즈 공통
울 = 148㎝폭 x 330㎝
접착심(소잉심지) = 15㎝폭 × 60㎝
지퍼 = 56㎝ 1개
걸고리 = 1쌍

[준비]
* 뒷몸판과 뒷스커트의 지퍼 다는 곳, 앞스커트의 주머니 입구에
  접착심(소잉심지)을 붙인다.
* 앞·뒤몸판의 어깨, 뒷몸판의 뒷중심, 앞·뒤옆판감의 옆선, 어깨, 앞·뒤스커트
  의 옆선, 뒷스커트의 뒷중심, 소매의 옆선, 주머니의 둘레에 지그재그봉제
  또는 오버록 처리한다 → 재단배치도 참고

[만드는 방법]
1 몸판의 절개선을 봉합한다 → p.43- 1 참고
2 몸판의 어깨를 봉합한다 → p.43- 2 참고
3 몸판에 소매를 단다 → p.35-b 참고
4 몸판과 소매의 옆선을 한 번에 이어서 봉합한다 → p.43- 4 참고
5 소매 밑단을 1㎝ / 2㎝ 두 번 접어 0.2㎝ 간격으로 상침한다
   → p.33 참고
6 스커트의 옆선에 주머니를 단다 → p.34 참고
7 스커트에 턱을 잡는다 → p.43- 7 참고 (단, 임시고정 봉합 간격 1㎝)
8 몸판과 스커트를 연결한다
9 스커트의 뒷중심을 봉합한다 → p.43- 9 참고
10 스커트의 밑단을 1㎝ / 2㎝ 두 번 접어 0.2㎝ 간격으로 상침한다 → p.33 참고

[만드는 방법]

2
3
12
1
5
7
4
6
8
앞
10

13
11
1
9
뒤

11 몸판에 지퍼를 단다 → p.43-11 참고
12 목둘레를 바이어스 처리한다
13 몸판에 걸고리를 단다 → p.35 참고

[재단배치도]

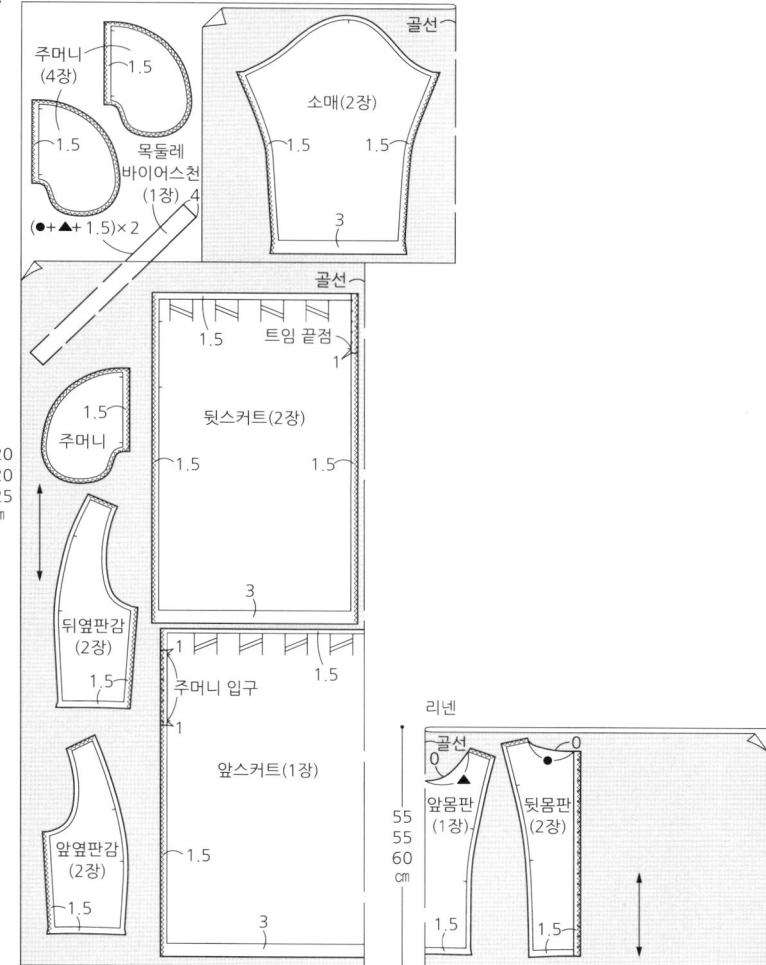

* 지정 이외의 시접은 1 cm
* 목둘레 바이어스천은 직접 제도하여 사용합니다
* ░░░ 부분에 접착심(소잉심지)을 붙인다
* 요척은 위에서부터 S / M L / LL 사이즈

리넨(체크)

주머니 (4장) 1.5

1.5 목둘레 바이어스천 (1장) 4

(●+▲+1.5)×2

골선

소매(2장)
1.5 1.5
3

골선

220 220 225 cm

1.5 주머니

틈임 끝점 1
1.5
뒷스커트(2장)
1.5 1.5
3

뒤옆판감 (2장)
1.5

주머니 입구
1 1.5
1

앞스커트(1장)
1.5
3

앞옆판감 (2장)
1.5

├── 152cm폭 ──┤

리넨

골선
0 ●
앞몸판 (1장) 뒷몸판 (2장)
▲
55 55 60 cm
1.5 1.5

├── 152cm폭 ──┤

---

* 지정 이외의 시접은 1 cm
* 목둘레 바이어스천은 직접 제도하여 사용합니다
* ░░░ 부분에 접착심(소잉심지)을 붙인다
* 요척은 S / M L / LL 사이즈 공통

울

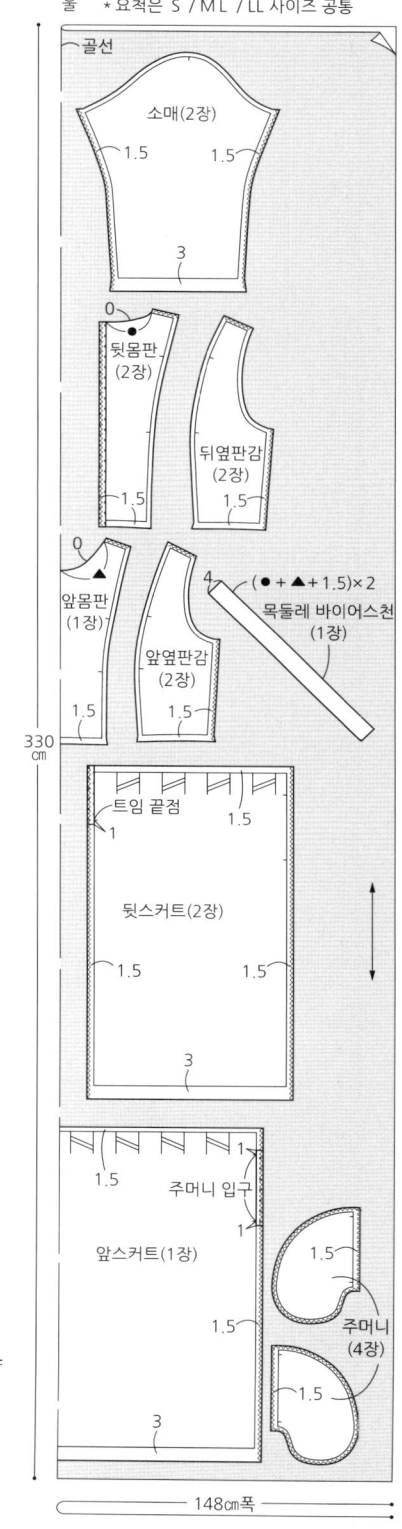

골선

소매(2장)
1.5 1.5
3

0 ●
뒷몸판 (2장)
1.5

뒤옆판감 (2장)
1.5

0
▲ 4 (●+▲+1.5)×2
앞몸판 (1장) 목둘레 바이어스천 (1장)
앞옆판감 (2장)
1.5 1.5

330 cm

틈임 끝점
1.5
뒷스커트(2장)
1.5 1.5
3

1
1.5 주머니 입구 1
앞스커트(1장)
1.5
주머니 (4장)
1.5
3 1.5

├── 148cm폭 ──┤

[체크 무늬 맞춤 위치] ★를 기준으로 체크 무늬를 맞춰 재단합니다

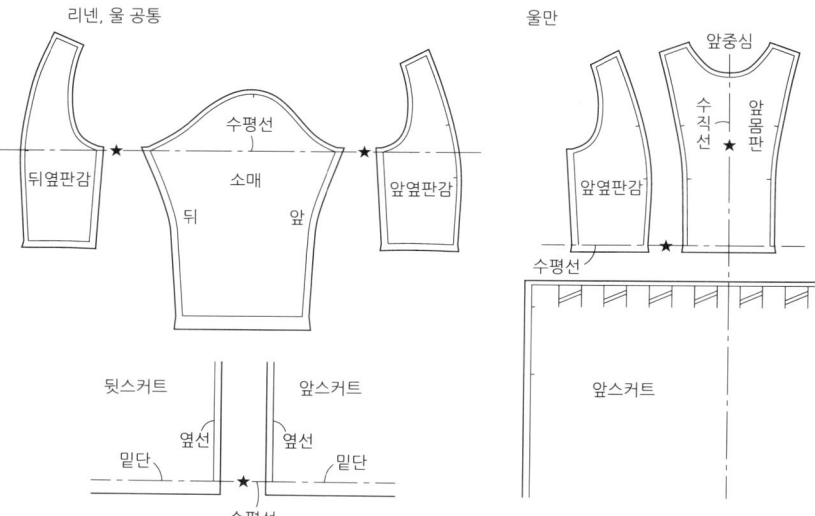

리넨, 울 공통

뒤옆판감 ★ 소매 수평선 ★ 앞옆판감
뒤 앞

뒷스커트 앞스커트
옆선 옆선
밑단 ★ 밑단
수평선

울만

앞중심
앞옆판감 수직선 앞몸판
★
수평선

앞스커트

8 몸판과 스커트를 연결한다

①몸판과 스커트를 겉끼리
맞대어 봉합한다

뒷몸판
(안)

②시접을 지그재그봉합
또는 오버록 통솔처리한다

1.5

앞스커트
(안)

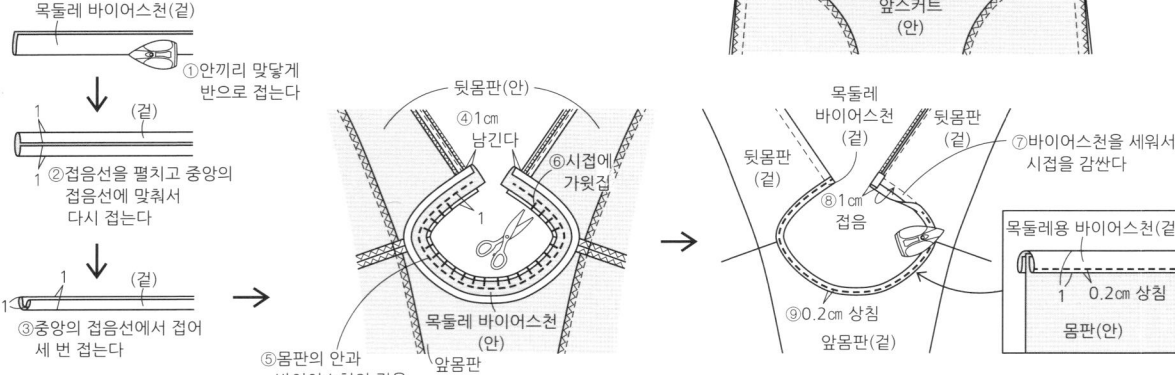

앞몸판(안)

③시접을
스커트쪽
으로
넘긴다

④겉에서
1.3㎝
상침

앞스커트
(안)

12 목둘레를 바이어스 처리한다

목둘레 바이어스천(겉)

①안끼리 맞닿게
반으로 접는다

1

(겉)

②접음선을 펼치고 중앙의
접음선에 맞춰서
다시 접는다

1

(겉)

③중앙의 접음선에서 접어
세 번 접는다

뒷몸판(안)

④1㎝
남긴다

⑥시접에
가윗집

1

⑤몸판의 안과
바이어스천의 겉을
맞대어 봉합한다

목둘레 바이어스천
(안)

앞몸판
(안)

목둘레
바이어스천
(겉)

뒷몸판
(겉)

뒷몸판
(겉)

⑦바이어스천을 세워서
시접을 감싼다

⑧1㎝
접음

⑨0.2㎝ 상침

앞몸판(겉)

목둘레용 바이어스천(겉)

1

0.2㎝ 상침

몸판(안)

C

민 소 매 원 피 스

p.06

[**완성 사이즈**]   ＊ 왼쪽에서부터 S / ML / LL 사이즈
가슴둘레 = 92 / 98 / 106㎝
옷길이 = 115㎝ (원하는 길이에 맞춰 조절한다)

[**패턴**]   1면 앞, 주머니는 2면 뒤

[**재료**]   ＊ 왼쪽에서부터 S / ML / LL 사이즈
리넨 = 150㎝폭 × 260 / 260 / 265㎝
접착심(소잉심지) = 5㎝폭 × 20㎝

[**준비**]
＊앞스커트의 주머니 입구에 접착심(소잉심지)을 붙인다.
＊앞·뒤몸판의 어깨, 앞·뒤스커트의 옆선, 주머니의 둘레에
  지그재그봉제 또는 오버록 처리한다 → 재단배치도 참고

[**만드는 방법**]
1 뒷몸판의 다트를 봉합한다
2 몸판의 어깨를 봉합한다 → p.43- **2** 참고
3 목둘레, 암홀둘레를 바이어스 처리한다
4 앞·뒤몸판의 옆선을 겹친다
5 스커트에 턱을 잡는다
6 스커트의 옆선에 주머니를 단다 → p.34 참고
7 몸판과 스커트를 연결한다 → p.49- **8** 참고
8 스커트의 밑단을 1㎝ / 2㎝ 두 번 접어 0.2㎝ 간격으로 상침한다
   → p.33 참고

[**만드는 방법**]

3

2

1

4 7

6 5

앞

뒤

8

1 뒷몸판의 다트를 봉합한다

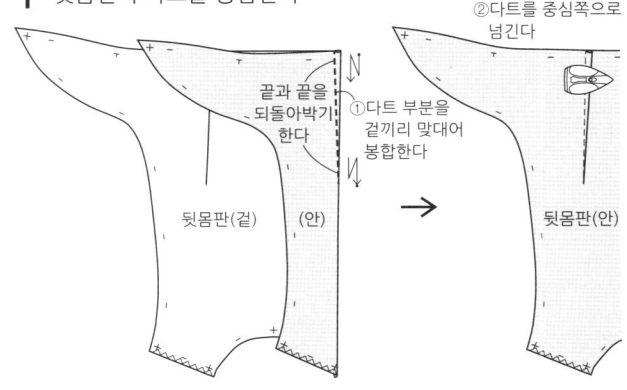

②다트를 중심쪽으로
넘긴다

끝과 끝을
되돌아박기
한다

①다트 부분을
겉끼리 맞대어
봉합한다

뒷몸판(겉)

(안)

뒷몸판(안)

3 목둘레, 암홀둘레를 바이어스 처리한다

[목둘레]

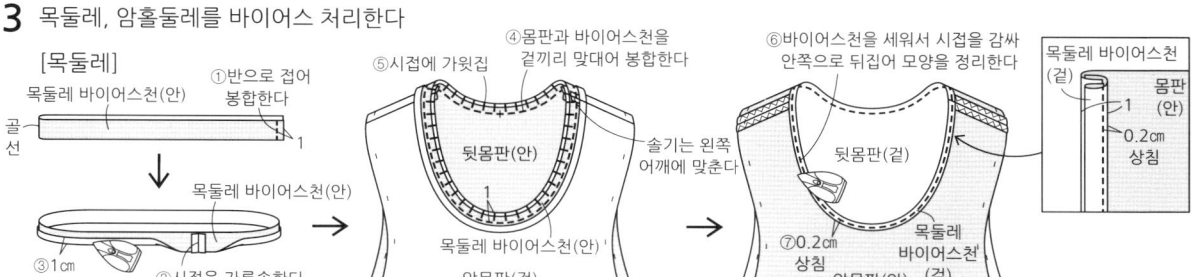

목둘레 바이어스천(안)
①반으로 접어
봉합한다
목둘레 바이어스천(안)
골선
1

③1㎝
접음
목둘레 바이어스천(안)
②시접을 가름솔한다

⑤시접에 가윗집
④몸판과 바이어스천을
겉끼리 맞대어 봉합한다
뒷몸판(안)
1
목둘레 바이어스천(안)
앞몸판(겉)
솔기는 왼쪽
어깨에 맞춘다

⑥바이어스천을 세워서 시접을 감싸
안쪽으로 뒤집어 모양을 정리한다
뒷몸판(겉)
⑦0.2㎝
상침
목둘레
바이어스천
(겉)
앞몸판(안)

목둘레 바이어스천
(겉)
몸판
(안)
1
0.2㎝
상침

[재단배치도]

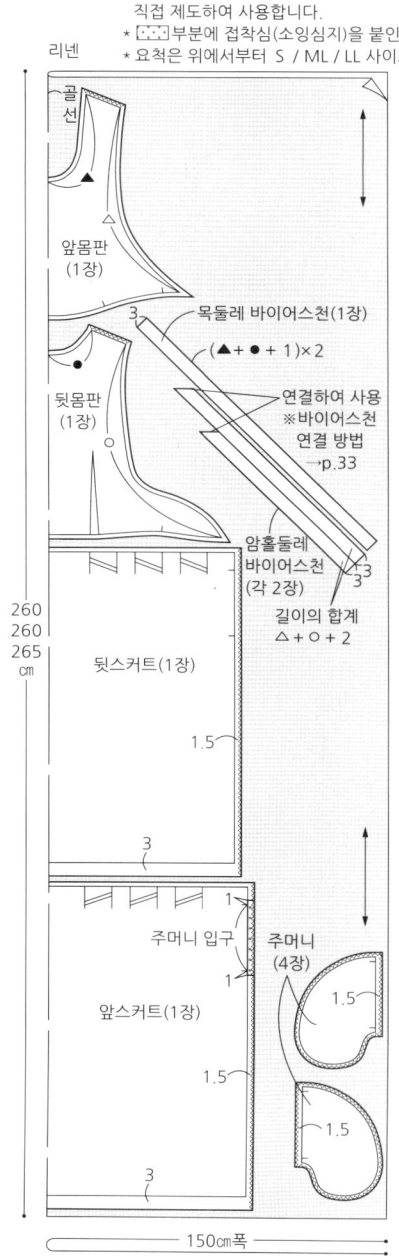

* 지정 이외의 시접은 1㎝
* 목둘레 바이어스천, 암홀둘레 바이어스천은
  직접 제도하여 사용합니다.
* [░░░]부분에 접착심(소잉심지)을 붙인다
* 요척은 위에서부터 S / ML / LL 사이즈

리넨

골선

앞몸판(1장)

뒷몸판(1장)

3
목둘레 바이어스천(1장)
(▲+●+1)×2
연결하여 사용
※바이어스천
연결 방법
→p.33

암홀둘레
바이어스천
(각 2장)
3
길이의 합계
△+○+2

260
260
265
㎝

뒷스커트(1장)

1.5

3

주머니 입구
주머니
(4장)
1

앞스커트(1장)

1.5

1.5

3

150㎝폭

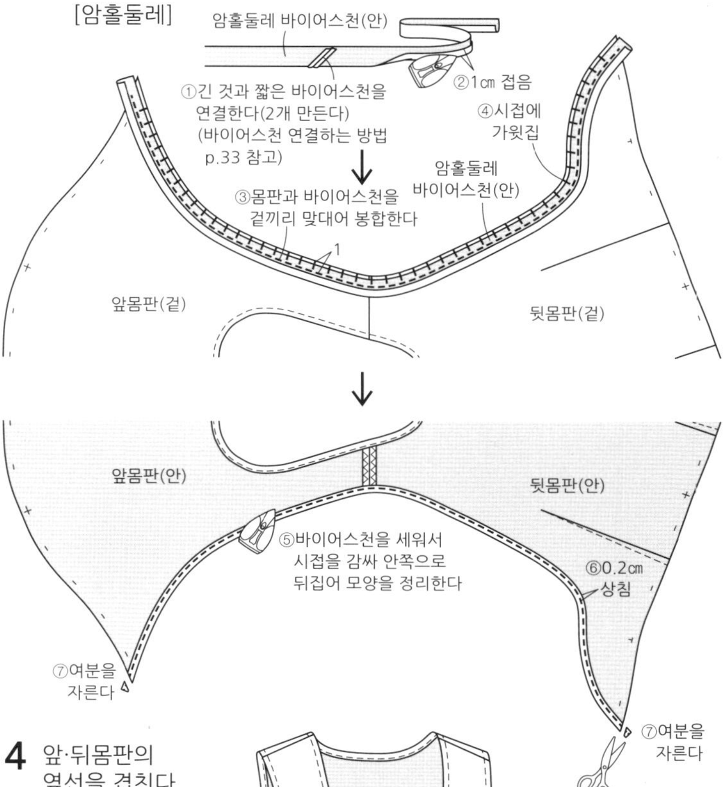

[암홀둘레]

암홀둘레 바이어스천(안)

①긴 것과 짧은 바이어스천을
연결한다(2개 만든다)
(바이어스천 연결하는 방법
p.33 참고)
②1㎝ 접음

③몸판과 바이어스천을
겉끼리 맞대어 봉합한다

④시접에
가윗집

암홀둘레
바이어스천(안)

앞몸판(겉)
뒷몸판(겉)
1

앞몸판(안)
뒷몸판(안)

⑤바이어스천을 세워서
시접을 감싸 안쪽으로
뒤집어 모양을 정리한다

⑥0.2㎝
상침

⑦여분을
자른다

⑦여분을
자른다

4 앞·뒤몸판의
옆선을 겹친다

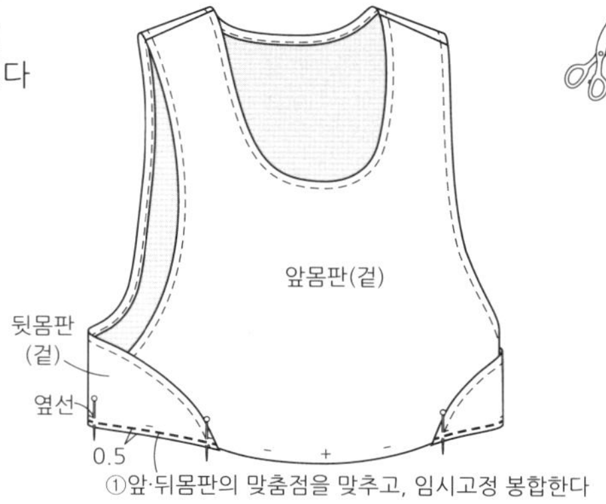

앞몸판(겉)

뒷몸판
(겉)

옆선

0.5

①앞·뒤몸판의 맞춤점을 맞추고, 임시고정 봉합한다

5 스커트에 턱을
잡는다

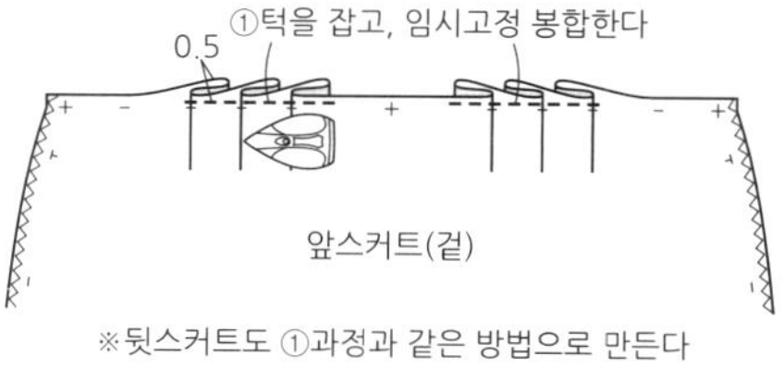

0.5
①턱을 잡고, 임시고정 봉합한다

앞스커트(겉)

※뒷스커트도 ①과정과 같은 방법으로 만든다

D

허리 스트링 원피스

p.07

[완성 사이즈] * 왼쪽에서부터 S / ML / LL 사이즈
가슴둘레 = 102 / 107.5 / 115㎝
옷길이 = 134.5㎝(원하는 길이에 맞춰 조절한다)

[패턴] 2면 뒤

[재료] * 왼쪽에서부터 S / ML / LL 사이즈
리넨 = 108㎝폭 × 350 / 350 / 355㎝
접착심(소잉심지) = 15㎝폭 × 20㎝

[준비]
* 앞몸판의 끈 통로 입구 안쪽, 앞스커트의 주머니 입구에
  접착심(소잉심지)을 붙인다.
* 앞·뒤몸판의 어깨, 옆선, 앞·뒤스커트의 옆선, 주머니의 둘레에
  지그재그봉제 또는 오버록 처리한다 → 재단배치도 참고

[만드는 방법]
1 앞몸판의 끈 통로 입구에 단춧구멍을 뚫는다
2 앞몸판에 주름을 잡는다
3 몸판의 어깨를 봉합한다 → p.43-2 참고
4 목둘레, 암홀둘레를 바이어스 처리한다
5 몸판의 옆선을 봉합한다
6 스커트의 옆선에 주머니를 단다 → p.34 참고
7 스커트에 주름을 잡는다
8 몸판과 스커트를 연결한다
9 스커트의 밑단을 1㎝ / 2㎝ 두 번 접어 0.2㎝ 간격으로 상침한다
   → p.33 참고
10 끈을 만들고 허리에 통과시킨다 → p.53-13 참고

[만드는 방법]

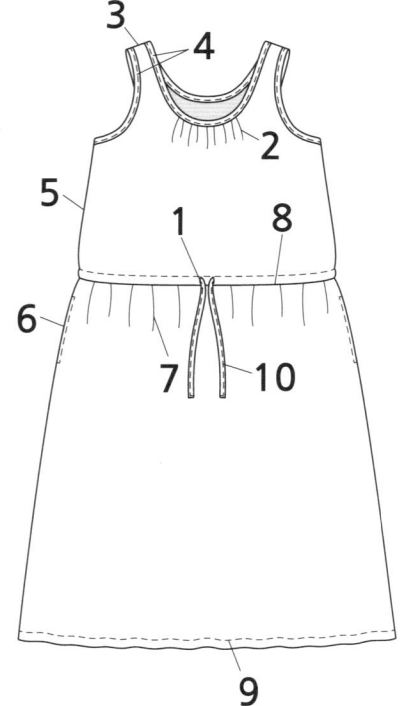

[재단배치도]

* 지정 이외의 시접은 1㎝
* 목둘레 바이어스천, 암홀둘레 바이어스천은
  직접 제도하여 사용합니다.
* ▦ 부분에 접착심(소잉심지)을 붙인다
* 요척은 위에서부터 S / ML / LL 사이즈

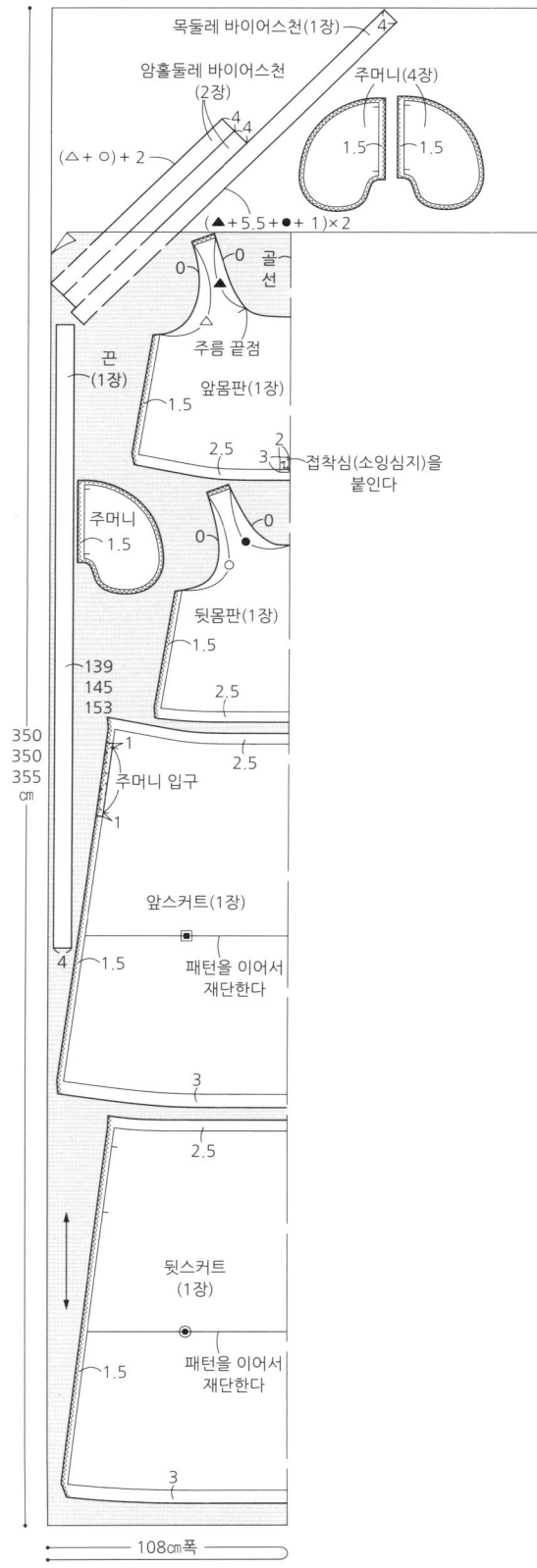

2 앞몸판에 주름을 잡는다

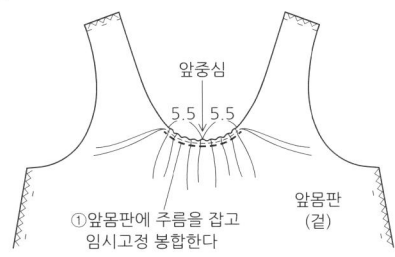

앞중심
5.5 5.5
①앞몸판에 주름을 잡고
임시고정 봉합한다
앞몸판
(겉)

4 목둘레, 암홀둘레를 바이어스 처리한다

①세 번 접음
1
1
목둘레 바이어스천(겉)

※암홀둘레 바이어스천도 ①과정과
같은 방법으로 만든다

②목둘레 바이어스천만 양 끝을 펼치고
겉끼리 맞대어 봉합하고 가름솔한다
골선
1
목둘레 바이어스천(안)

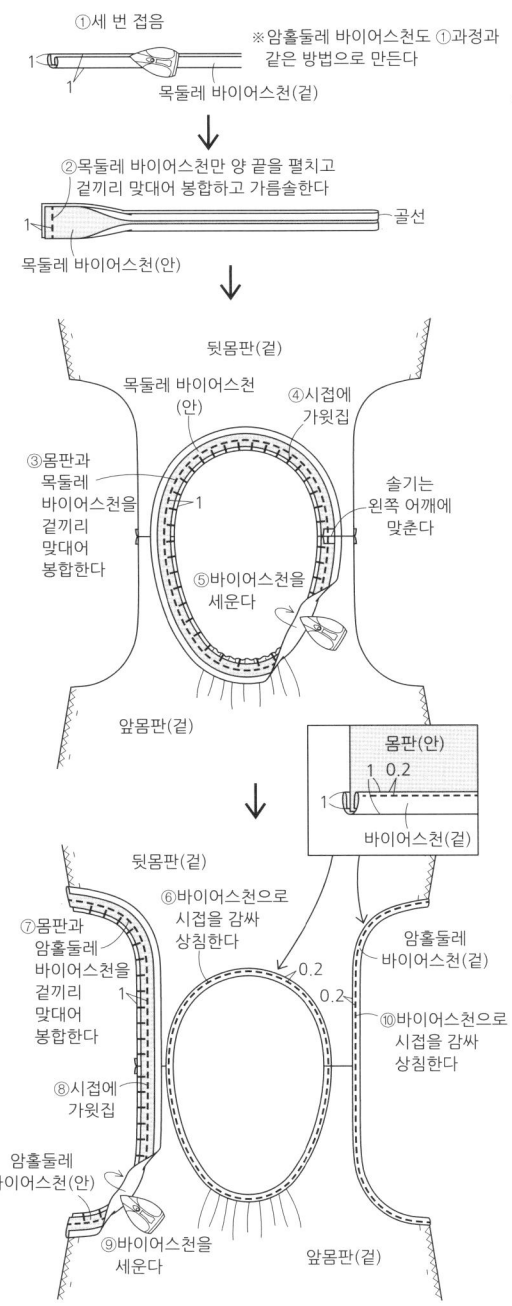

뒷몸판(겉)
목둘레 바이어스천(안)
④시접에 가윗집
③몸판과 목둘레 바이어스천을 겉끼리 맞대어 봉합한다
1
솔기는 왼쪽 어깨에 맞춘다
⑤바이어스천을 세운다
앞몸판(겉)

몸판(안)
1 0.2
1
바이어스천(겉)

뒷몸판(겉)
⑦몸판과 암홀둘레 바이어스천을 겉끼리 맞대어 봉합한다
1
⑥바이어스천으로 시접을 감싸 상침한다
0.2
0.2
암홀둘레 바이어스천(겉)
⑩바이어스천으로 시접을 감싸 상침한다
⑧시접에 가윗집
암홀둘레 바이어스천(안)
⑨바이어스천을 세운다
앞몸판(겉)

5 몸판의 옆선을 봉합한다

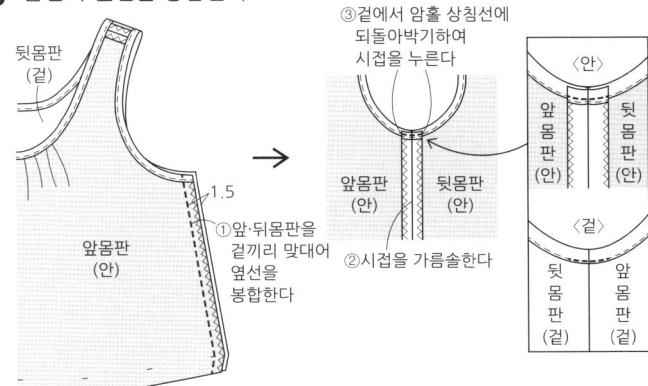

뒷몸판(겉)
앞몸판(안)
1.5
①앞·뒤몸판을 겉끼리 맞대어 옆선을 봉합한다

③겉에서 암홀 상침선에 되돌아박기하여 시접을 누른다
앞몸판(안)
뒷몸판(안)
②시접을 가름솔한다

〈안〉
앞몸판(안)
뒷몸판(안)
〈겉〉
뒷몸판(겉)
앞몸판(겉)

7 스커트에 주름을 잡는다

①허리의 시접에 큰 땀으로 두 줄 봉합한다
②앞·뒤몸판의 허리둘레에 맞춰 주름을 잡는다
뒷스커트(안)
0.2 0.4
완성선
0.5
앞스커트(겉)
③임시고정 봉합

8 몸판과 스커트를 연결한다

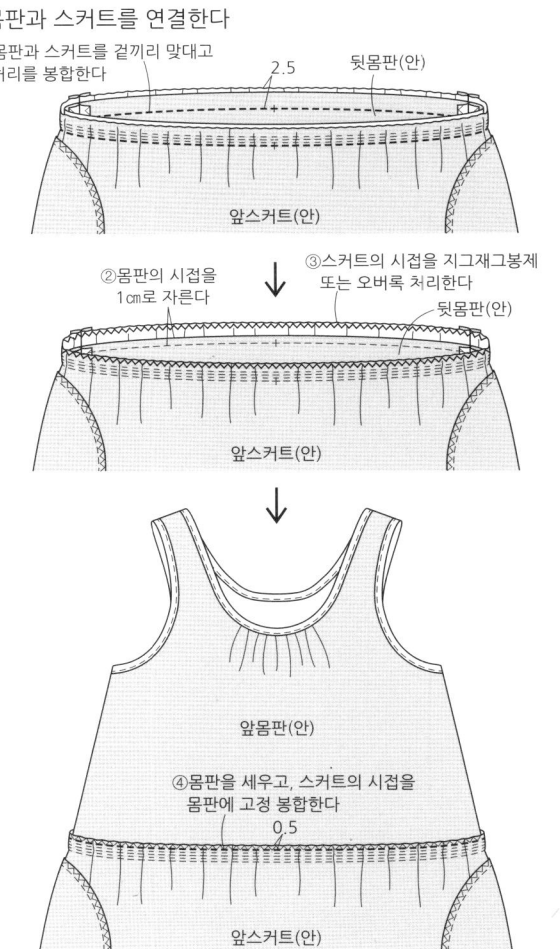

①몸판과 스커트를 겉끼리 맞대고 허리를 봉합한다
2.5
뒷몸판(안)
앞스커트(안)

②몸판의 시접을 1cm로 자른다
③스커트의 시접을 지그재그봉제 또는 오버록 처리한다
뒷몸판(안)
앞스커트(안)

앞몸판(안)
④몸판을 세우고, 스커트의 시접을 몸판에 고정 봉합한다
0.5
앞스커트(안)

F

허리 스트링 긴소매 원피스
p.12

G

벌룬 소매 원피스
p.14 레드 원피스 / p.15 블랙 원피스

[완성 사이즈] * 왼쪽에서부터 S / ML / LL 사이즈
F
가슴둘레 = 118 / 123.5 / 131㎝
소매길이 = 43.5 / 44 / 44.5㎝
옷길이 = 124.5㎝(원하는 길이에 맞춰 조절한다)

G
가슴둘레 = 118 / 123.5 / 131㎝
소매길이 = 약 26.5 / 27 / 27.5㎝
옷길이 = 124.5㎝(원하는 길이에 맞춰 조절한다)

[패턴] 2면 뒤

[F 재료] * 왼쪽에서부터 S / ML / LL 사이즈
코튼 = 110㎝폭 x 385 / 385 / 390㎝
접착심(소잉심지) = 90㎝폭 x 45㎝
싸개단추 = 1.2㎝폭 9개

[G 레드 원피스 재료] * 왼쪽에서부터 S / ML / LL 사이즈
리넨 = 145㎝폭 x 315 / 315 / 320㎝
접착심(소잉심지) = 90㎝폭 x 35㎝
싸개단추 = 1.2㎝폭 1개

[G 블랙 원피스 재료] * 왼쪽에서부터 S / ML / LL 사이즈
플란넬 = 108㎝폭 x 395 / 395 / 400㎝
접착심(소잉심지) = 90㎝폭 x 35㎝
싸개단추 = 1.2㎝폭 1개

[준비]
F
* 앞몸판의 끈 통로 입구 안쪽, 앞스커트의 주머니 입구, 소매의 밑단 안단,
  앞·뒤안단에 접착심(소잉심지)을 붙인다.
* 앞·뒤몸판의 옆선, 앞몸판과 뒤요크의 어깨, 앞·뒤스커트의 옆선, 주머니의
  둘레, 소매의 옆선, 밑단둘레, 앞·뒤안단의 바깥둘레에 지그재그봉제 또는
  오버록 처리한다 → 재단배치도 참고
G
* 앞몸판의 끈 통로 입구 안쪽, 앞스커트의 주머니 입구, 앞·뒤안단에
  접착심(소잉심지)을 붙인다.
* 앞·뒤몸판의 옆선, 앞몸판과 뒤요크의 어깨, 앞·뒤스커트의 옆선, 주머니의
  둘레, 앞·뒤안단 바깥둘레에 지그재그봉제 또는 오버록 처리한다
  → 재단배치도 참고

[만드는 방법] F, G 동일
1 앞몸판의 끈 통로 위치에 단춧구멍을 뚫는다(단춧구멍 크기 : 1.5㎝)
2 몸판과 안단의 어깨를 봉합한다 → p.55- 2 참고
3 단춧고리를 만들어 뒤요크에 단다
4 뒤요크에 트임을 만들고 몸판에 안단을 연결한다
5 뒷몸판에 주름을 잡고, 뒤요크와 연결한다

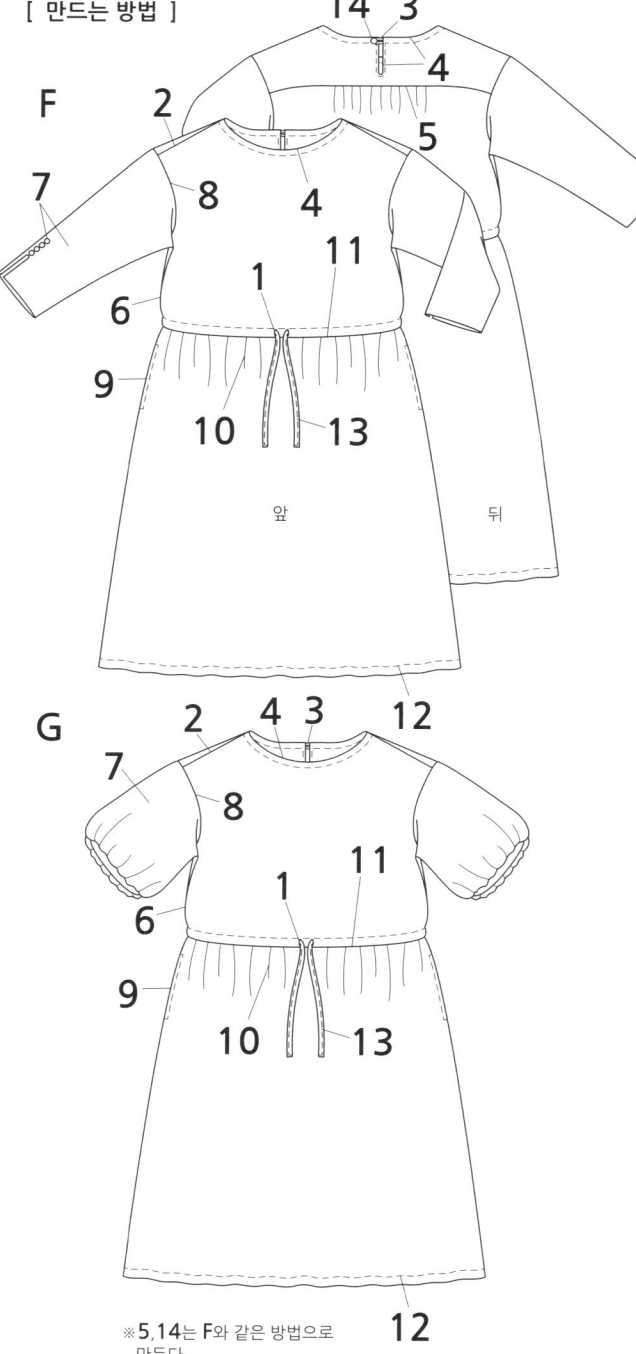

[만드는 방법]

F

앞   뒤

G

※5,14는 F와 같은 방법으로
만든다

6 몸판의 옆선을 봉합한다 → p.49-5 참고
7 소매를 만든다
8 몸판에 소매를 단다 → p.35-a 참고
9 스커트의 옆선에 주머니를 단다 → p.34 참고
10 앞스커트에 주름을 잡는다 → p.49- 7 참고
11 몸판과 스커트를 연결한다 → p.49-8 참고
12 스커트의 밑단을 1㎝ / 2㎝로 두 번 접어 0.2㎝ 간격으로 상침한다
   → p.33 참고
13 끈을 만들고, 허리에 통과시킨다
14 뒷몸판에 단추를 단다

[재단배치도]

F 코튼

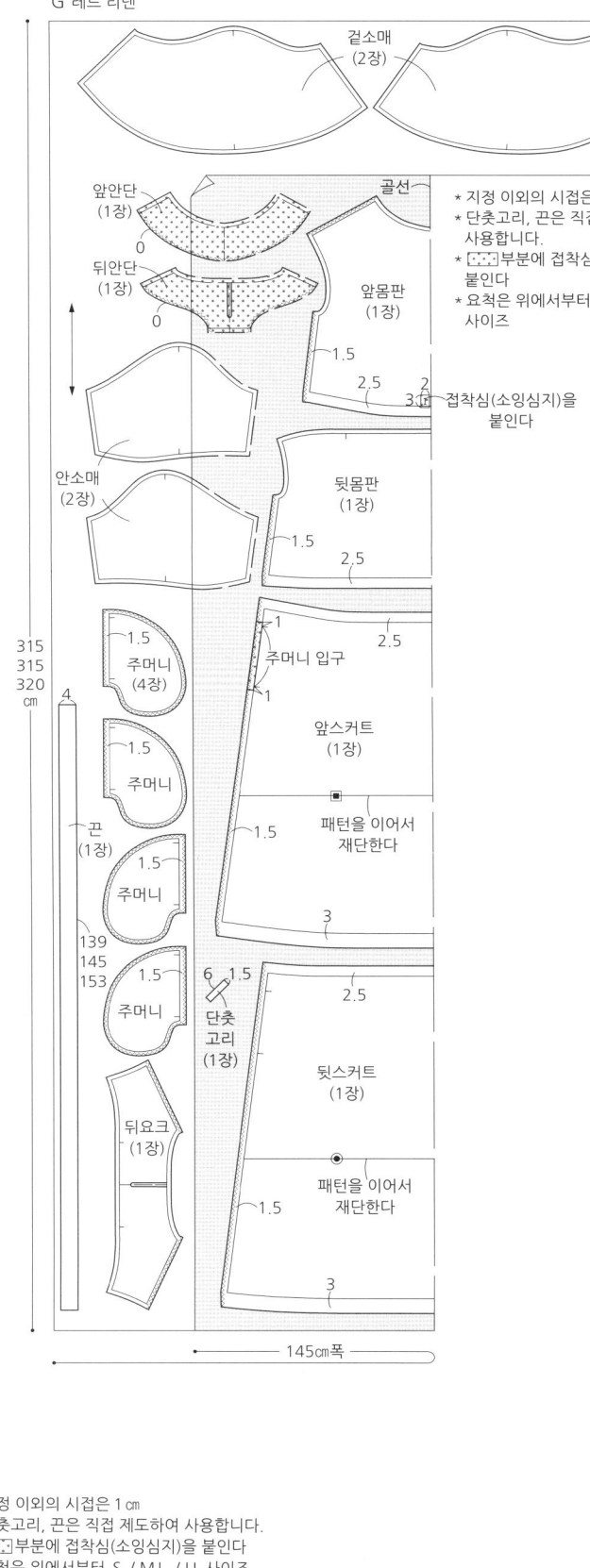

골선

소매(2장)

1.5
1.5

소매
밑단

0

1.5   1.5

주머니
(4장)

앞안단
(1장)

0

뒤안단
(1장)

0

뒤요크
(1장)

4

앞몸판
(1장)

접착심
(소잉심지)을
붙인다

1.5

2   2.5
13

끈
(1장)

139
145
153

385
385
390
cm

뒷몸판
(1장)

1.5

2.5

2.5

주머니 입구

1

1

앞스커트(1장)

패턴을 이어서
재단한다

1.5

3

2.5

6 1.5

단춧
고리
(1장)

뒷스커트
(1장)

패턴을 이어서
재단한다

1.5

3

⟵— 110cm폭 —⟶

G 레드 리넨

겉소매
(2장)

앞안단
(1장)

0

뒤안단
(1장)

0

골선

앞몸판
(1장)

1.5

2.5   2
3   접착심(소잉심지)을
붙인다

안소매
(2장)

뒷몸판
(1장)

1.5

2.5

315
315
320
cm

주머니
(4장)

1.5

1

주머니 입구

1

앞스커트
(1장)

주머니

1.5

끈
(1장)

139
145
153

주머니

1.5

4

패턴을 이어서
재단한다

1.5

3

6 1.5

단춧
고리
(1장)

2.5

뒷스커트
(1장)

뒤요크
(1장)

패턴을 이어서
재단한다

1.5

3

⟵— 145cm폭 —⟶

* 지정 이외의 시접은 1 ㎝
* 단춧고리, 끈은 직접 제도하여
  사용합니다.
* ▨ 부분에 접착심(소잉심지)을
  붙인다
* 요척은 위에서부터 S / M L / LL
  사이즈

* 지정 이외의 시접은 1 ㎝
* 단춧고리, 끈은 직접 제도하여 사용합니다.
* ▨ 부분에 접착심(소잉심지)을 붙인다
* 요척은 위에서부터 S / M L / LL 사이즈

[재단배치도]

G 블랙 플란넬

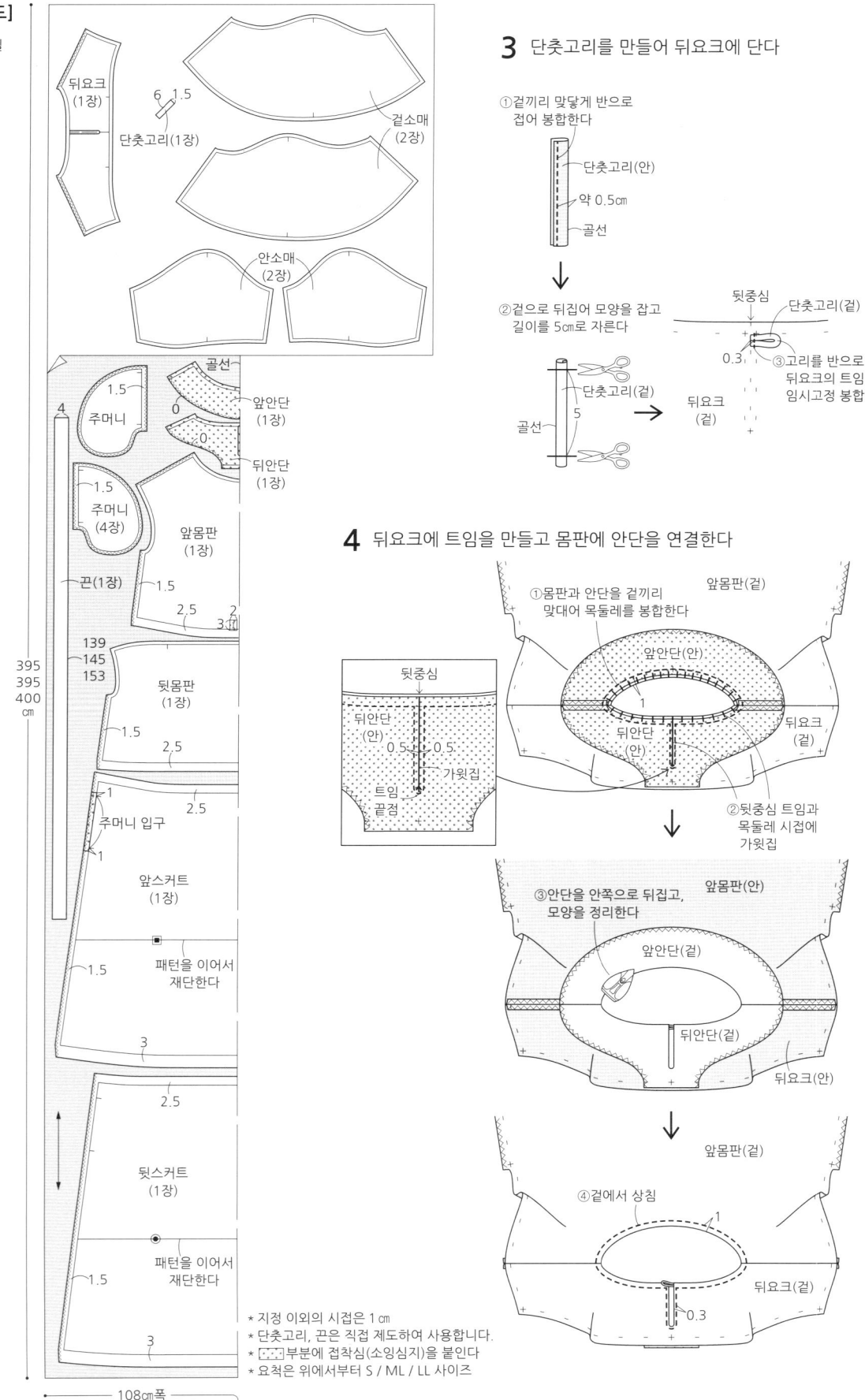

뒤요크
(1장)

6 1.5

단춧고리(1장)

겉소매
(2장)

안소매
(2장)

골선

1.5
0
앞안단
(1장)

주머니

0
뒤안단
(1장)

4

1.5
주머니
(4장)

앞몸판
(1장)

끈(1장) 1.5

2.5
2
3

139
145
153

뒷몸판
(1장)

1.5
2.5

1
주머니 입구

앞스커트
(1장)

1

1.5
패턴을 이어서
재단한다

3

2.5

뒷스커트
(1장)

패턴을 이어서
재단한다

1.5

3

395
395
400
cm

* 지정 이외의 시접은 1㎝
* 단춧고리, 끈은 직접 제도하여 사용합니다.
* ⣿ 부분에 접착심(소잉심지)을 붙인다
* 요척은 위에서부터 S / ML / LL 사이즈

108㎝폭

---

3 단춧고리를 만들어 뒤요크에 단다

①겉끼리 맞닿게 반으로
접어 봉합한다

단춧고리(안)

약 0.5㎝

골선

②겉으로 뒤집어 모양을 잡고
길이를 5㎝로 자른다

단춧고리(겉)

골선 5

뒷중심 단춧고리(겉)

0.3

③고리를 반으로 접고,
뒤요크의 트임 부분에
임시고정 봉합한다

뒤요크
(겉)

---

4 뒤요크에 트임을 만들고 몸판에 안단을 연결한다

①몸판과 안단을 겉끼리
맞대어 목둘레를 봉합한다

앞몸판(겉)

앞안단(안)

1

뒤안단
(안)

뒤요크
(겉)

뒷중심

뒤안단
(안)

0.5 0.5

가윗집

트임
끝점

②뒷중심 트임과
목둘레 시접에
가윗집

③안단을 안쪽으로 뒤집고,
모양을 정리한다

앞몸판(안)

앞안단(겉)

뒤안단(겉)

뒤요크(안)

앞몸판(겉)

④겉에서 상침

1

뒤요크(겉)

0.3

5 뒷몸판에 주름을 잡고, 뒤요크와 연결한다

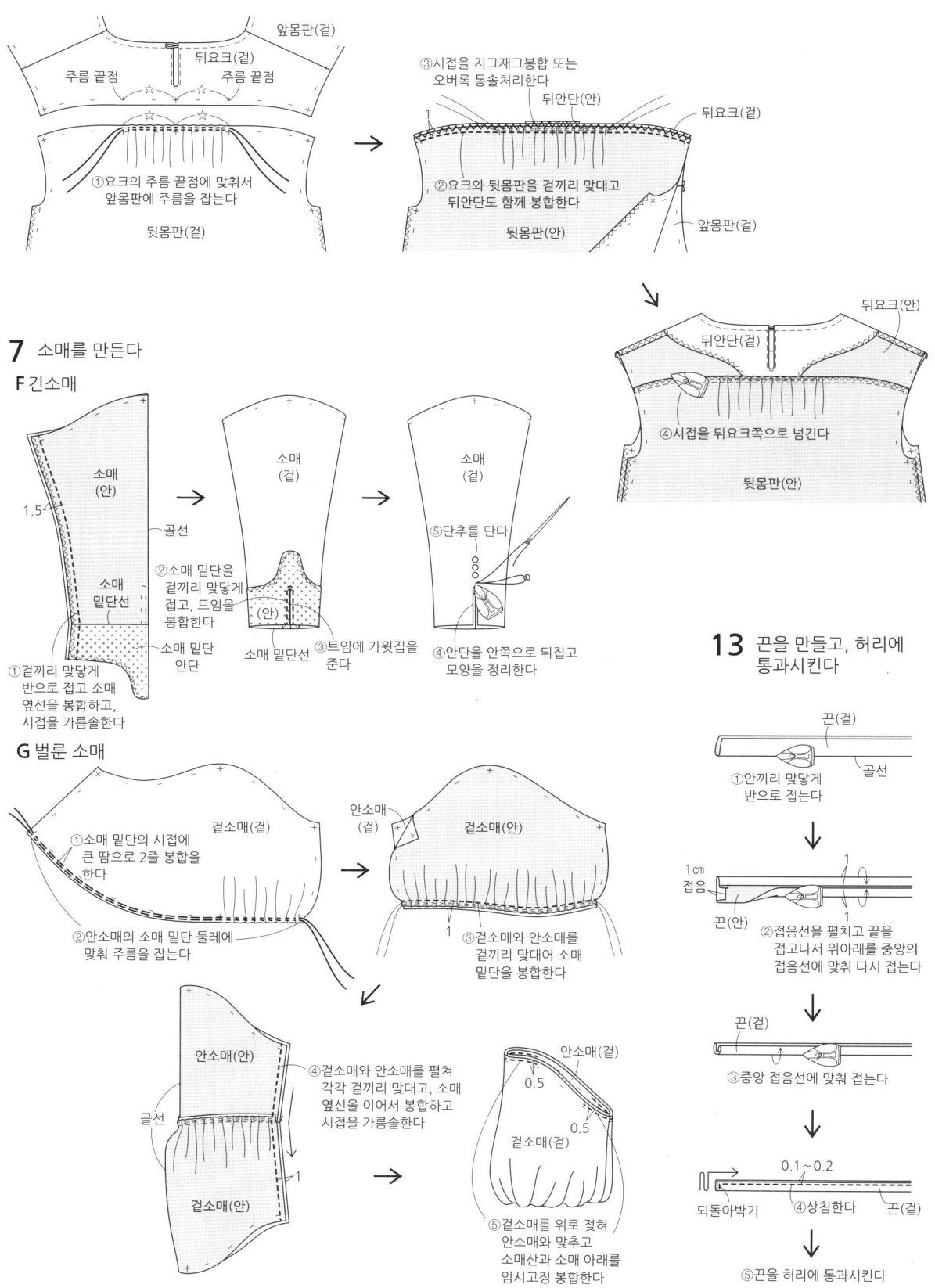

앞몸판(겉)

뒤요크(겉)

주름 끝점 주름 끝점

①요크의 주름 끝점에 맞춰서
앞몸판에 주름을 잡는다

뒷몸판(겉)

③시접을 지그재그봉합 또는
오버록 통솔처리한다

뒤안단(안)

뒤요크(겉)

②요크와 뒷몸판을 겉끼리 맞대고
뒤안단도 함께 봉합한다

뒷몸판(안)

앞몸판(겉)

뒤요크(안)

뒤안단(겉)

④시접을 뒤요크쪽으로 넘긴다

뒷몸판(안)

7 소매를 만든다

F 긴소매

소매
(안)

1.5

골선

소매
밑단선

소매 밑단
안단

①겉끼리 맞닿게
반으로 접고 소매
옆선을 봉합하고,
시접을 가름솔한다

소매
(겉)

②소매 밑단을
겉끼리 맞닿게
접고, 트임을
봉합한다

(안)

소매 밑단선

③트임에 가윗집을
준다

소매
(겉)

⑤단추를 단다

④안단을 안쪽으로 뒤집고
모양을 정리한다

G 벌룬 소매

겉소매(겉)

①소매 밑단의 시접에
큰 땀으로 2줄 봉합을
한다

②안소매의 소매 밑단 둘레에
맞춰 주름을 잡는다

안소매
(겉)

겉소매(안)

③겉소매와 안소매를
겉끼리 맞대어 소매
밑단을 봉합한다

1

안소매(안)

골선

겉소매(안)

④겉소매와 안소매를 펼쳐
각각 겉끼리 맞대고, 소매
옆선을 이어서 봉합하고
시접을 가름솔한다

1

안소매(겉)

0.5

0.5

겉소매(겉)

⑤겉소매를 위로 젖혀
안소매와 맞추고
소매산과 소매 아래를
임시고정 봉합한다

13 끈을 만들고, 허리에
통과시킨다

끈(겉)

①안끼리 맞닿게
반으로 접는다

골선

1cm
접음

끈(안)

1

1

②접음선을 펼치고 끝을
접고나서 위아래를 중앙의
접음선에 맞춰 다시 접는다

끈(겉)

③중앙 접음선에 맞춰 접는다

0.1~0.2

되돌아박기

끈(겉)

④상침한다

⑤끈을 허리에 통과시킨다

53

K

세일러 칼라 원피스

p.28

왼쪽 : 울 원피스 / 오른쪽 : 리넨 원피스

[완성 사이즈] * 왼쪽에서부터 S / ML / LL 사이즈
가슴둘레 = 113.5 / 119.5 / 127.5㎝
소매길이 = 53.5 / 54.5 / 55㎝
옷길이 = 101㎝(원하는 길이에 맞춰 조절한다)

[패턴] 1면 뒤

[리넨 원피스 재료] * 왼쪽에서부터 S / ML / LL 사이즈
리넨 = 110㎝폭 x 350 / 350 / 355㎝
접착심(소잉심지) = 90㎝폭 x 35 / 35 / 40㎝
단추 = 1.6㎝폭 1개
스냅 단추 = 1.2㎝폭 1쌍

[울 원피스 재료] * 왼쪽에서부터 S / ML / LL 사이즈
울 = 110㎝폭 x 350 / 350 / 355㎝
접착심(소잉심지) = 90㎝폭 x 35 / 35 / 40㎝
스냅 단추 = 1.2㎝폭 1쌍

[준비]
* 앞·뒤안단, 주머니의 입구에 접착심(소잉심지)을 붙인다.
* 앞·뒤몸판의 어깨, 옆선, 소매의 옆선, 앞·뒤안단의 바깥둘레에
  지그재그봉제 또는 오버록 처리한다 → 재단배치도 참고

[만드는 방법]
1 주머니를 만들어 몸판에 단다
2 몸판과 안단의 어깨를 봉합한다
3 칼라를 만든다
4 몸판에 칼라를 달고 앞끝을 정리한다
5 앞몸판에 턱을 잡는다
6 몸판에 소매를 단다 → p.35-**b** 참고
7 몸판과 소매의 옆선을 한 번에 이어서 봉합한다 → p.35-**b** 참고
8 몸판과 소매의 밑단을 정리한다
9 몸판에 스냅 단추를 단다

[만드는 방법]

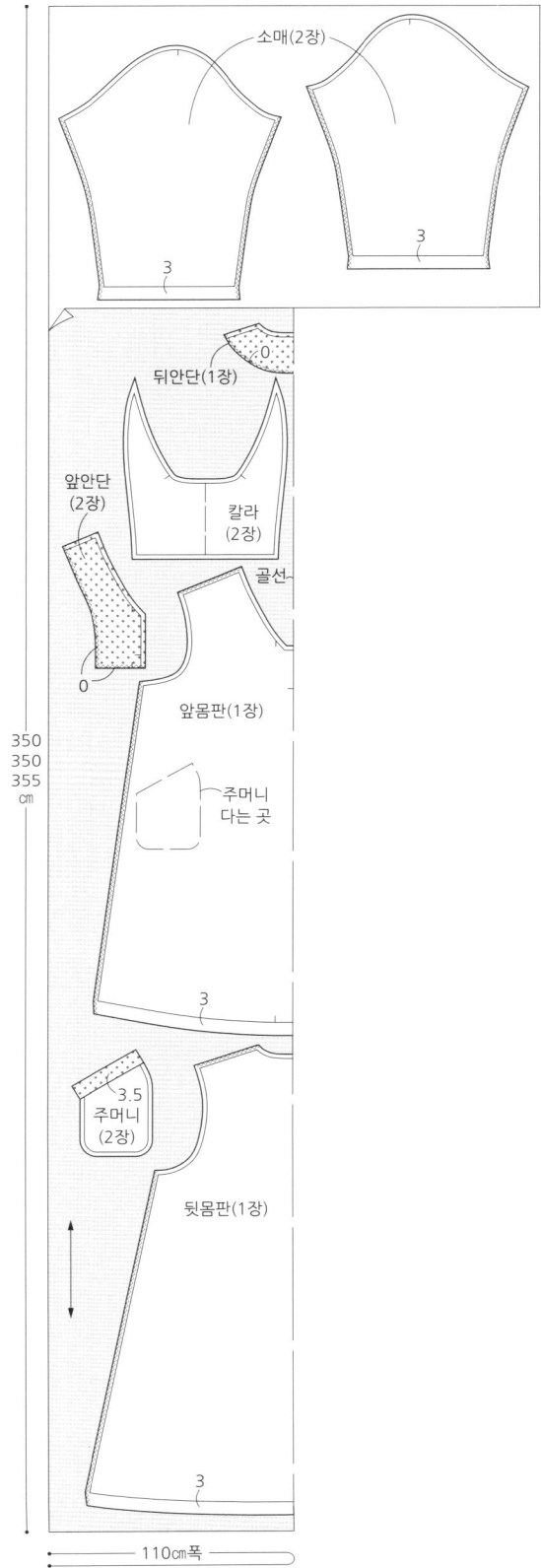

1 주머니를 만들어 몸판에 단다

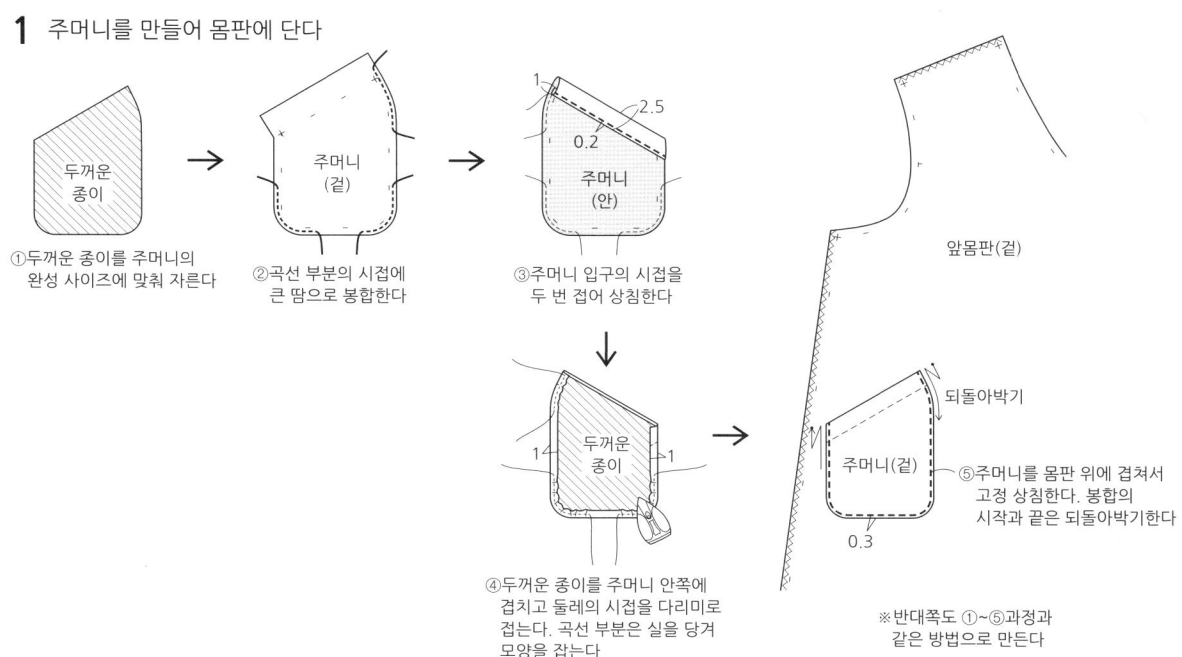

①두꺼운 종이를 주머니의
완성 사이즈에 맞춰 자른다

두꺼운
종이

②곡선 부분의 시접에
큰 땀으로 봉합한다

주머니
(겉)

1
0.2
2.5
주머니
(안)

③주머니 입구의 시접을
두 번 접어 상침한다

1   1
두꺼운
종이

④두꺼운 종이를 주머니 안쪽에
겹치고 둘레의 시접을 다리미로
접는다. 곡선 부분은 실을 당겨
모양을 잡는다

앞몸판(겉)

되돌아박기

주머니(겉)

0.3

⑤주머니를 몸판 위에 겹쳐서
고정 상침한다. 봉합의
시작과 끝은 되돌아박기한다

※반대쪽도 ①~⑤과정과
같은 방법으로 만든다

2 몸판과 안단의 어깨를 봉합한다

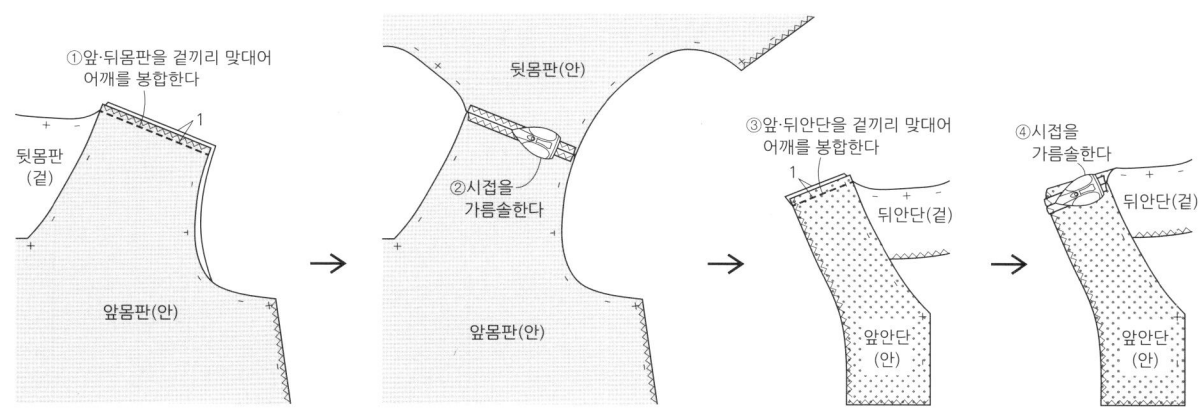

①앞·뒤몸판을 겉끼리 맞대어
어깨를 봉합한다

뒷몸판
(겉)

앞몸판(안)

1

뒷몸판(안)

②시접을
가름솔한다

앞몸판(안)

③앞·뒤안단을 겉끼리 맞대어
어깨를 봉합한다

1

뒤안단(겉)

앞안단
(안)

④시접을
가름솔한다

뒤안단(겉)

앞안단
(안)

3 칼라를 만든다

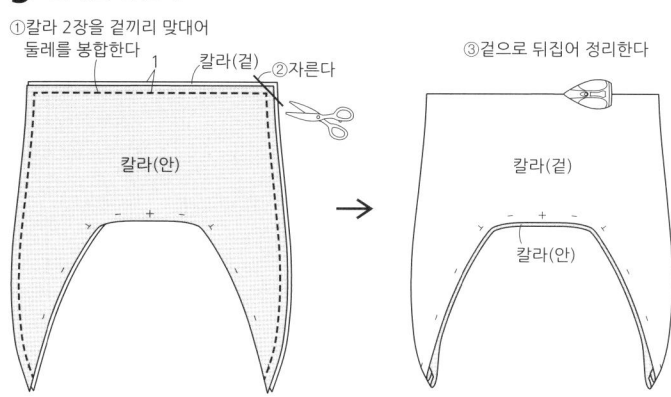

①칼라 2장을 겉끼리 맞대어
둘레를 봉합한다

1   칼라(겉)

②자른다

칼라(안)

③겉으로 뒤집어 정리한다

칼라(겉)

칼라(안)

4 몸판에 칼라를 달고 앞끝을 정리한다

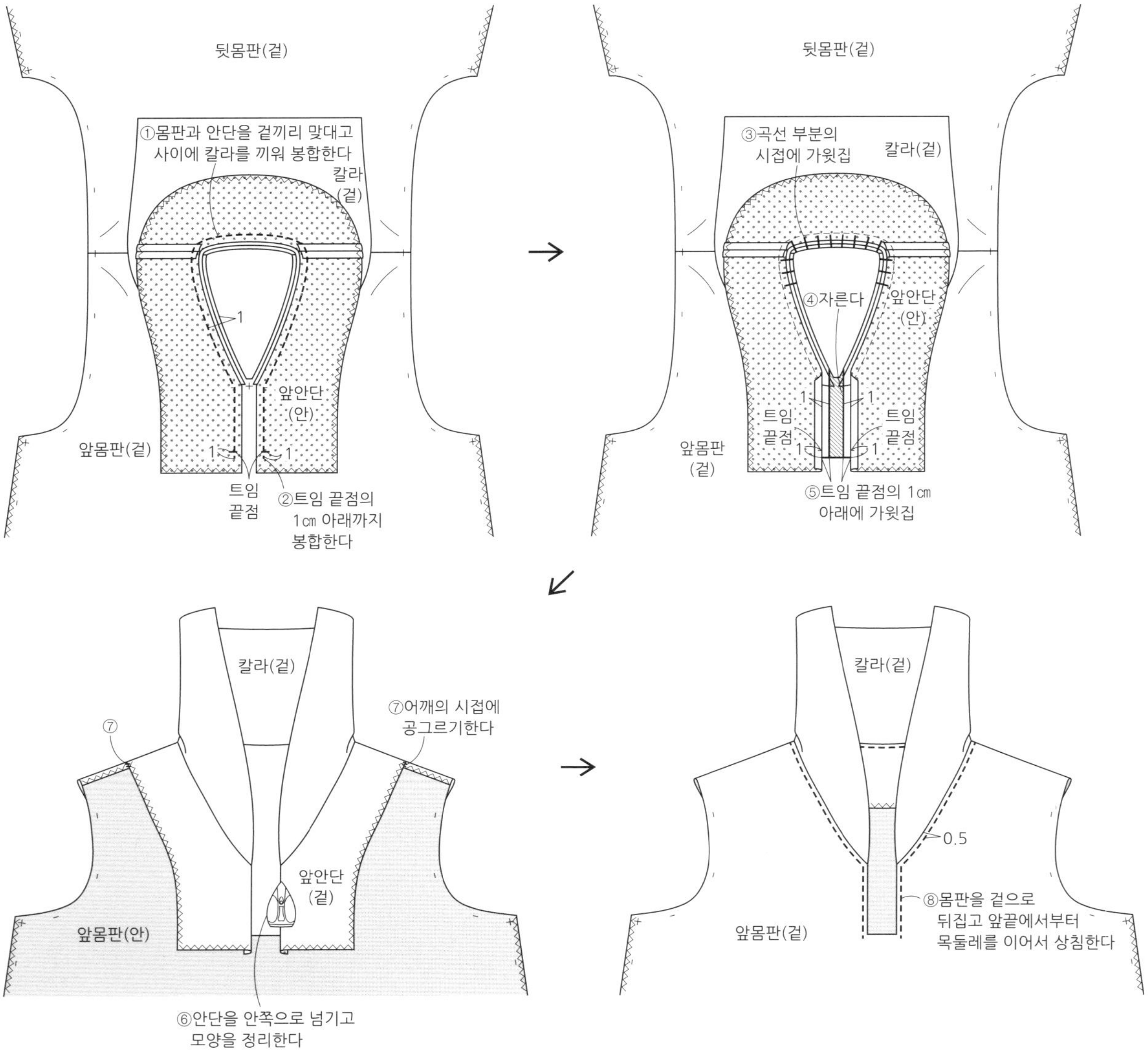

뒷몸판(겉)

①몸판과 안단을 겉끼리 맞대고
사이에 칼라를 끼워 봉합한다

칼라
(겉)

－1

앞안단
(안)

앞몸판(겉)

－1　－1

트임
끝점

②트임 끝점의
1㎝ 아래까지
봉합한다

→

뒷몸판(겉)

③곡선 부분의
시접에 가윗집

칼라(겉)

④자른다

앞안단
(안)

앞몸판(겉)

1　1

트임
끝점　트임
끝점

⑤트임 끝점의 1㎝
아래에 가윗집

↙

칼라(겉)

⑦

⑦어깨의 시접에
공그르기한다

앞안단
(겉)

앞몸판(안)

⑥안단을 안쪽으로 넘기고
모양을 정리한다

→

칼라(겉)

－0.5

앞몸판(겉)

⑧몸판을 겉으로
뒤집고 앞끝에서부터
목둘레를 이어서 상침한다

5 앞몸판에 턱을 잡는다

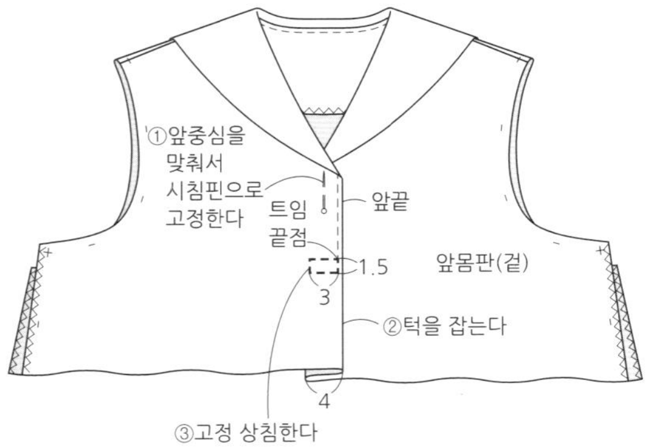

①앞중심을
맞춰서
시침핀으로
고정한다

앞끝

트임
끝점

－1.5

3

앞몸판(겉)

②턱을 잡는다

4

③고정 상침한다

8 몸판과 소매의 밑단을 정리한다

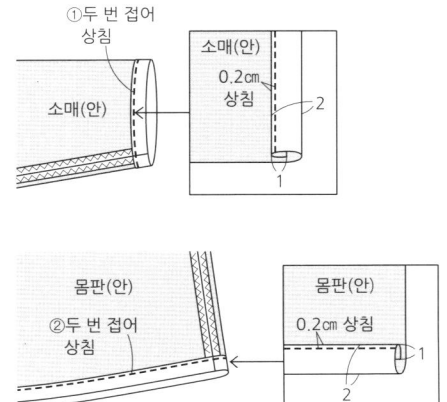

①두 번 접어
상침

소매(안)

소매(안)

0.2㎝
상침

2

1

몸판(안)

②두 번 접어
상침

몸판(안)

0.2㎝ 상침

2

1

H

박스 실루엣 원피스

p.16 샴브레이 원피스 / p.17 울 원피스

[완성 사이즈] *왼쪽에서부터 SM / L·LL 사이즈
가슴둘레 = 160 / 166㎝
옷길이 = 106㎝(원하는 길이에 맞춰 조절한다)

[패턴] 2면 앞, 주머니는 2면 뒤

[샴브레이 원피스 재료] *왼쪽에서부터 SM / L·LL 사이즈
코튼(블루) = 110㎝폭 x 285 / 290㎝
코튼(화이트) = 55㎝폭 × 75㎝
접착심(소잉심지) = 60㎝폭 × 40㎝
싸개단추 = 1.2㎝폭 1개

[울 원피스 재료] *왼쪽에서부터 SM / L·LL 사이즈
울 = 150㎝폭 x 230 / 235㎝
접착심(소잉심지) = 60㎝폭 × 40㎝
싸개단추 = 1.2㎝폭 1개

[준비]
*앞몸판의 주머니 입구, 앞·뒤안단에 접착심(소잉심지)을 붙인다.
*앞몸판과 뒤요크의 어깨, 앞·뒤몸판의 암홀둘레에서부터 옆선, 주머니의
  둘레, 앞·뒤안단 바깥둘레에 지그재그봉제 또는 오버록 처리한다
    → 재단배치도 참고

[만드는 방법]
1 몸판과 안단의 어깨를 봉합한다 → p.55-2 참고
2 단춧고리를 만들어 뒤요크에 단다 → p.52-3 참고
3 뒤요크에 트임을 만들고 몸판과 안단을 연결한다 → p.52-4 참고
4 뒷몸판에 주름을 잡고, 뒤요크와 연결한다 → p.53-5 참고
5 몸판의 옆선에 주머니를 단다 → p.34 참고
6 프릴/커프스를 만들어 몸판에 단다
7 몸판의 밑단을 1㎝ / 2㎝ 두 번 접어 0.2㎝ 간격으로 상침한다
    → p.33 참고
8 뒷몸판에 단추를 단다

6 프릴을 만들어 몸판에 단다 [샴브레이]

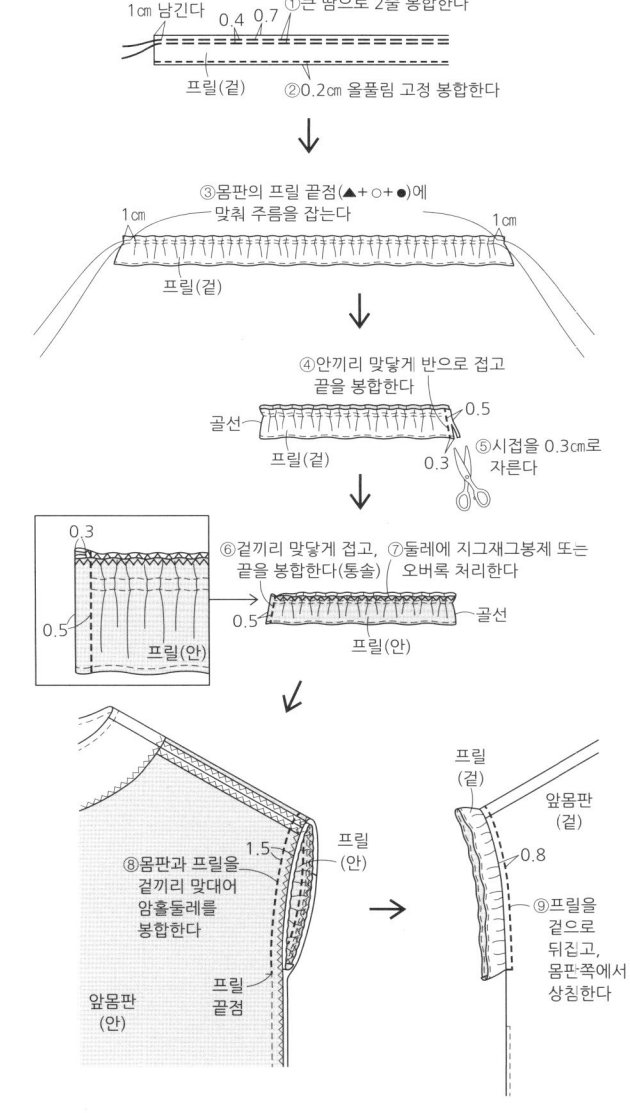

[만드는 방법] [샴브레이]

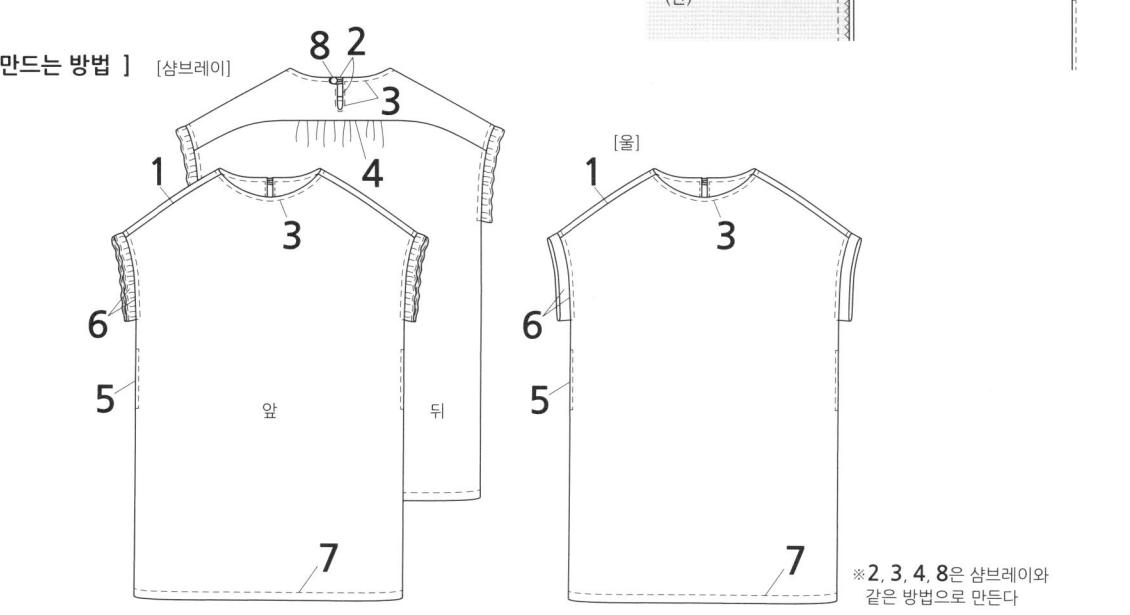

※2, 3, 4, 8은 샴브레이와
같은 방법으로 만든다

6 커프스를 만들어 몸판에 단다 [울]

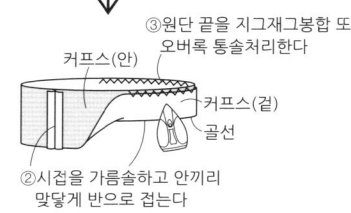

①커프스를 겉끼리 맞닿게
반으로 접어 봉합한다

1

커프스(안)　골선

③원단 끝을 지그재그봉합 또는
오버록 통솔처리한다

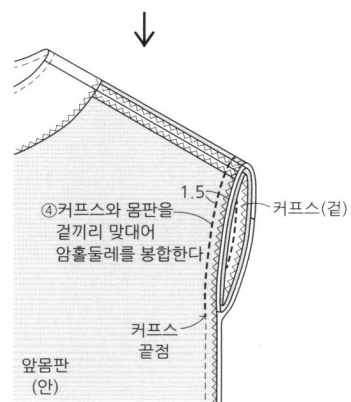

커프스(안)

커프스(겉)
골선

②시접을 가름솔하고 안끼리
맞닿게 반으로 접는다

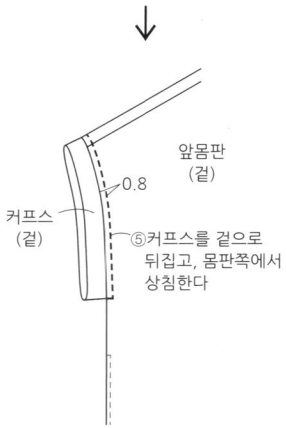

1.5

커프스(겉)

④커프스와 몸판을
겉끼리 맞대어
암홀둘레를 봉합한다

커프스
끝점

앞몸판
(안)

앞몸판
(겉)

커프스
(겉)

0.8

⑤커프스를 겉으로
뒤집고, 몸판쪽에서
상침한다

[재단배치도]

샴브레이
* 지정 이외의 시접은 1㎝
* 단춧고리, 프릴은 직접 제도하여
　사용합니다.
* ┈부분에 접착심(소잉심지)을 붙인다
* 요척은 위에서부터 S M / L·LL 사이즈

코튼(블루)

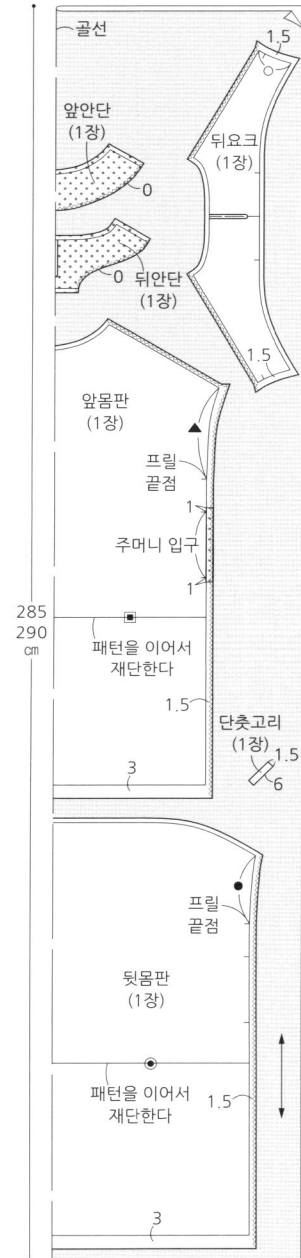

골선

1.5

앞안단
(1장)

0

뒤요크
(1장)

0

뒤안단
(1장)

1.5

앞몸판
(1장)

프릴
끝점

1

주머니 입구

1

패턴을 이어서
재단한다

285
290
㎝

1.5

3

단춧고리
(1장)

1.5

6

프릴
끝점

뒷몸판
(1장)

패턴을 이어서
재단한다

1.5

3

110㎝폭

울
* 지정 이외의 시접은 1㎝
* 단춧고리, 커프스는 직접 제도하여
　사용합니다.
* ┈부분에 접착심(소잉심지)을 붙인다
* 요척은 위에서부터 S M / L·LL 사이즈

울

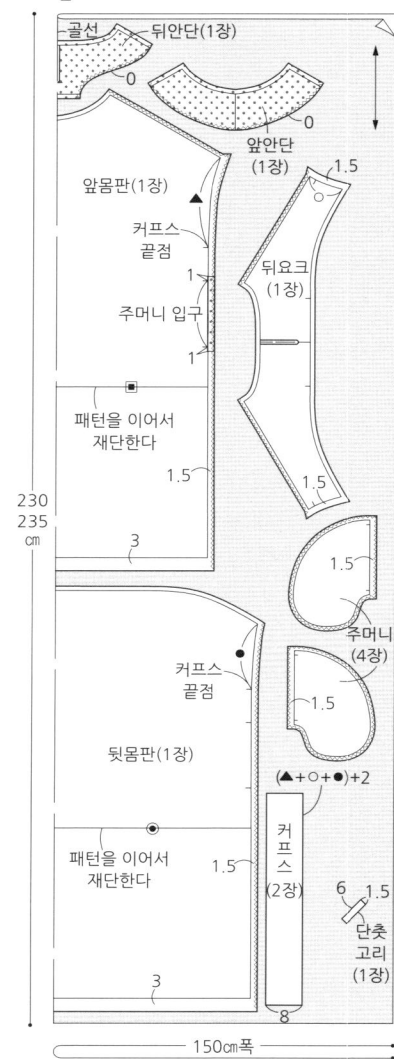

골선

뒤안단(1장)

0

앞안단
(1장)

1.5

앞몸판(1장)

커프스
끝점

1

주머니 입구

1

뒤요크
(1장)

패턴을 이어서
재단한다

1.5

3

1.5

1.5

주머니
(4장)

1.5

커프스
끝점

뒷몸판(1장)

(▲+○+●)+2

패턴을 이어서
재단한다

1.5

커
프
스
(2장)

6　1.5

단춧
고리
(1장)

8

230
235
㎝

150㎝폭

코튼(화이트)

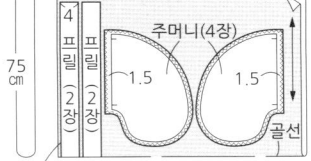

4
프
릴
2
장

프
릴
2
장

주머니(4장)

1.5

1.5

골선

75
㎝

55㎝폭

SM : 34
L·LL : 35

58

J

화이트 셔츠 원피스
블랙 셔츠 원피스

p.24, 26

[완성 사이즈]　* 왼쪽에서부터 S / ML / LL 사이즈
가슴둘레 = 101 / 107 / 115㎝
소매길이 = 50.6 / 51 / 51.4㎝
옷길이 = 114㎝ (원하는 길이에 맞춰 조절한다)

[패턴]　2면 앞

[화이트 원피스 재료]　* 왼쪽에서부터 S / ML / LL 사이즈
리넨 = 112㎝폭 × 310 / 310 / 315㎝
접착심(소잉심지) = 40㎝폭 × 125㎝
단추 = 1.5㎝폭 6개
스냅 단추 = 1.2㎝폭 1쌍
걸고리 = 1쌍

[블랙 원피스 재료]　* 왼쪽에서부터 S / ML / LL 사이즈
플란넬 = 112㎝폭 × 310 / 310 / 315㎝
리넨 울 = 40㎝폭 × 55 / 55 / 60㎝
접착심(소잉심지) = 30㎝폭 × 125㎝
단추 = 1.5㎝폭 6개
스냅 단추 = 1.2㎝폭 1쌍
걸고리 = 1쌍

[준비]
* 뒷몸판의 뒷중심, 주머니의 입구, 커프스, 화이트 원피스는 칼라와
  칼라받침에도 접착심(소잉심지)을 붙인다.
* 앞·뒤몸판의 옆선, 뒷몸판의 뒷중심, 소매의 옆선을 지그재그봉제 또는
  오버록 처리한다. → 재단배치도 참고

[만드는 방법]
1 주머니를 만들어 몸판에 단다
2 몸판의 어깨를 봉합한다
3 몸판의 뒷중심을 봉합한다
4 칼라를 만든다
5 몸판에 칼라를 단다
6 몸판에 소매를 단다 → p.35-**b** 참고
7 몸판과 소매의 옆선을 한 번에 이어서 봉합한다
8 소매 밑단에 턱을 잡고, 커프스를 단다
9 몸판의 밑단을 1㎝ / 2㎝ 두 번 접어 0.2㎝ 간격으로 상침한다 → p.33 참고
10 뒷몸판에 단춧구멍을 뚫고, 단추와 스냅 단추, 걸고리를 단다

[만드는 방법]

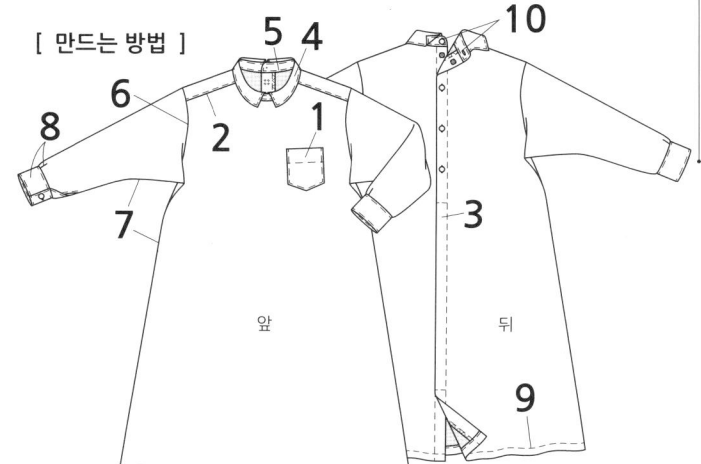

* 지정 이외의 시접은 1㎝
* ▒▒ 부분에 접착심(소잉심지)을 붙인다
* 요척은 위에서부터 S / ML / LL 사이즈

리넨(화이트 셔츠 원피스)
플란넬(블랙 셔츠 원피스)

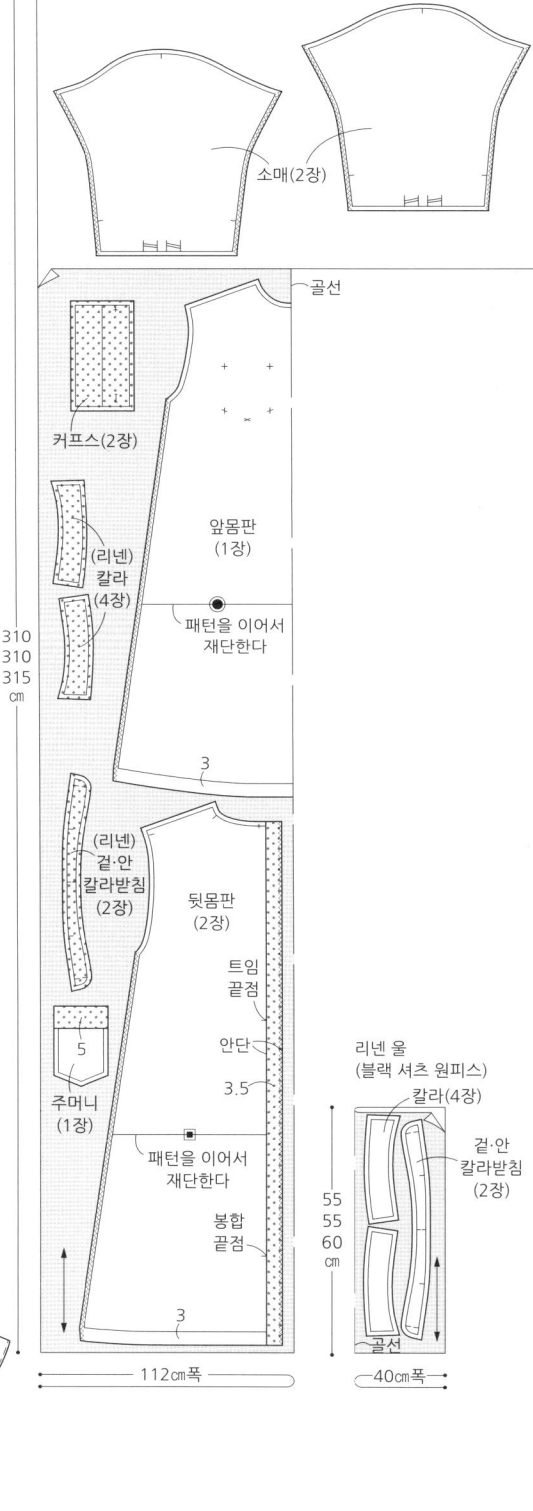

1 주머니를 만들어 몸판에 단다

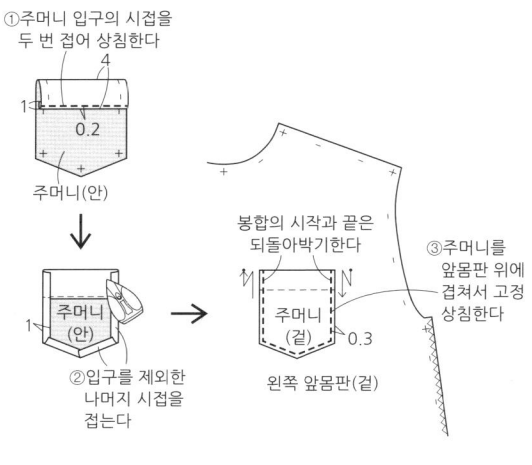

①주머니 입구의 시접을
두 번 접어 상침한다

주머니(안)

②입구를 제외한
나머지 시접을
접는다

주머니(안)

③주머니를
앞몸판 위에
겹쳐서 고정
상침한다

봉합의 시작과 끝은
되돌아박기한다

주머니(겉)

왼쪽 앞몸판(겉)

2 몸판의 어깨를 봉합한다

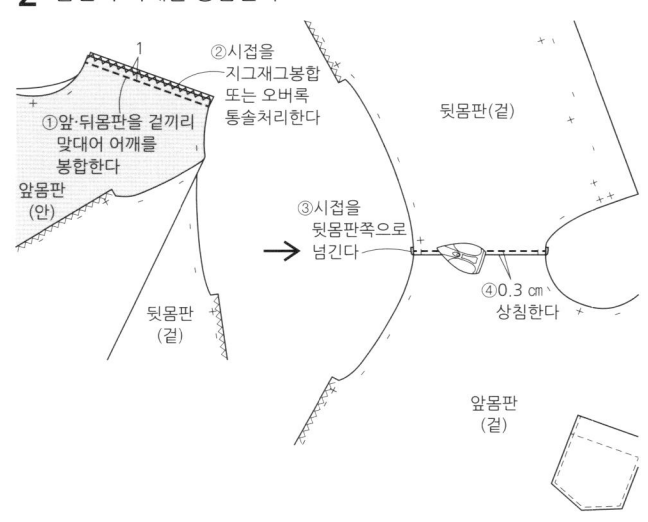

①앞·뒤몸판을 겉끼리
맞대어 어깨를
봉합한다

②시접을
지그재그봉합
또는 오버록
통솔처리한다

앞몸판(안)

뒷몸판(겉)

③시접을
뒷몸판쪽으로
넘긴다

④0.3㎝
상침한다

뒷몸판(겉)

앞몸판(겉)

3 몸판의 뒷중심을 봉합한다

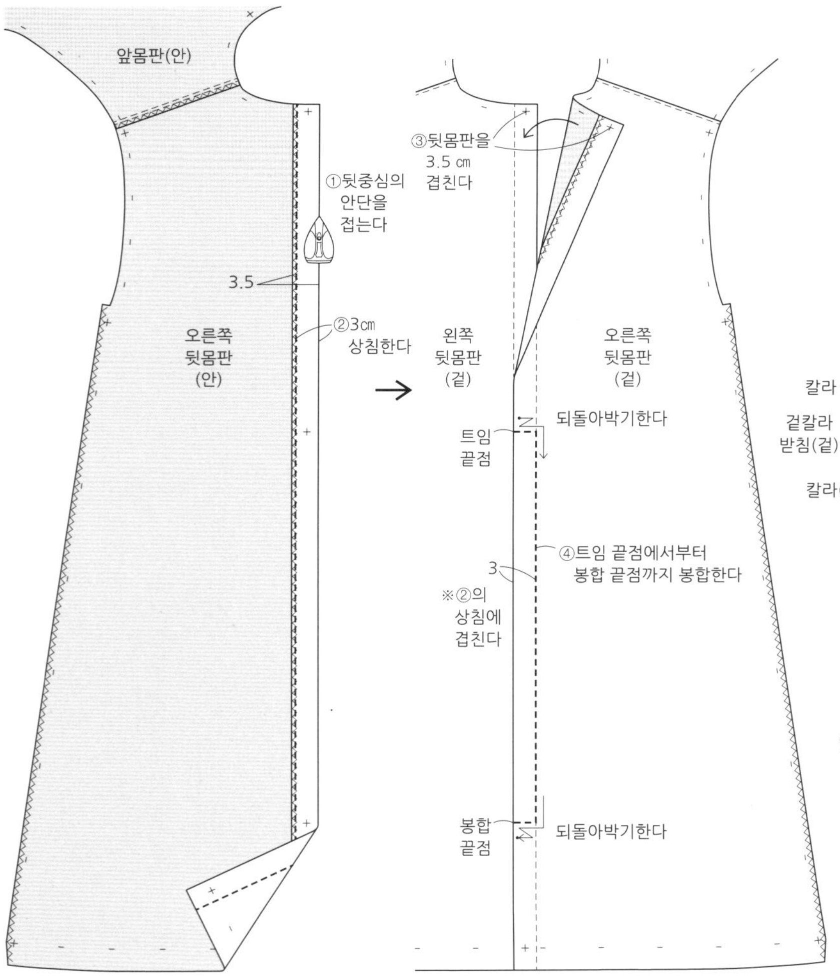

앞몸판(안)

①뒷중심의
안단을
접는다

3.5

②3㎝
상침한다

오른쪽
뒷몸판
(안)

③뒷몸판을
3.5㎝
겹친다

왼쪽
뒷몸판
(겉)

오른쪽
뒷몸판
(겉)

되돌아박기한다

트임
끝점

④트임 끝점에서부터
봉합 끝점까지 봉합한다

※②의
상침에
겹친다

3

봉합
끝점

되돌아박기한다

4 칼라를 만든다

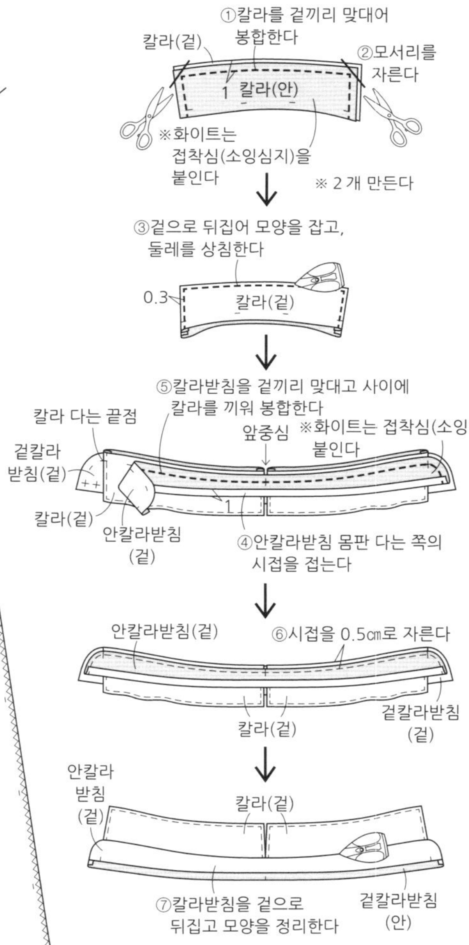

①칼라를 겉끼리 맞대어
봉합한다

칼라(겉)

②모서리를
자른다

칼라(안)

※화이트는
접착심(소잉심지)을
붙인다

※2개 만든다

③겉으로 뒤집어 모양을 잡고,
둘레를 상침한다

0.3

칼라(겉)

⑤칼라받침을 겉끼리 맞대고 사이에
칼라를 끼워 봉합한다

칼라 다는 끝점

겉칼라
받침(겉)

칼라(겉)

안칼라받침
(겉)

앞중심

※화이트는 접착심(소잉심지)을
붙인다

④안칼라받침 몸판 다는 쪽의
시접을 접는다

안칼라받침(겉)

⑥시접을 0.5㎝로 자른다

칼라(겉)

겉칼라받침
(겉)

안칼라
받침
(겉)

칼라(겉)

⑦칼라받침을 겉으로
뒤집고 모양을 정리한다

겉칼라받침
(안)

5 몸판에 칼라를 단다

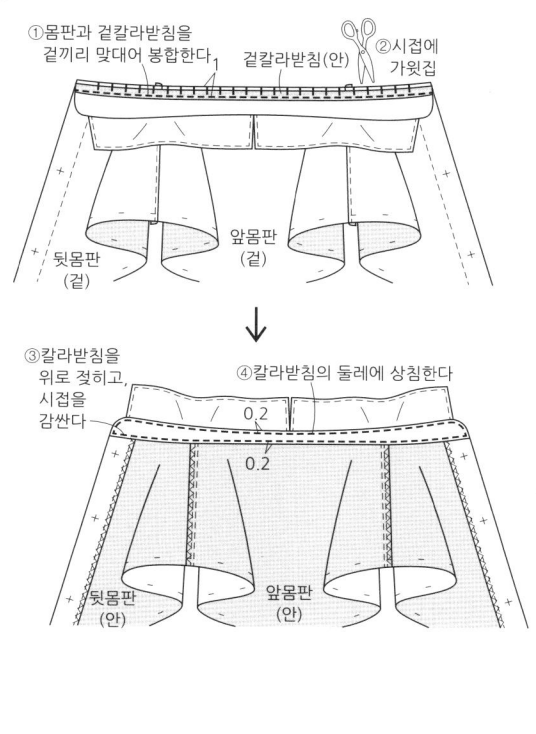

①몸판과 겉칼라받침을 겉끼리 맞대어 봉합한다
겉칼라받침(안)
②시접에 가윗집
뒷몸판(겉)
앞몸판(겉)

③칼라받침을 위로 젖히고, 시접을 감싼다
④칼라받침의 둘레에 상침한다
0.2
0.2
뒷몸판(안)
앞몸판(안)

7 몸판과 소매의 옆선을 한 번에 이어서 봉합한다

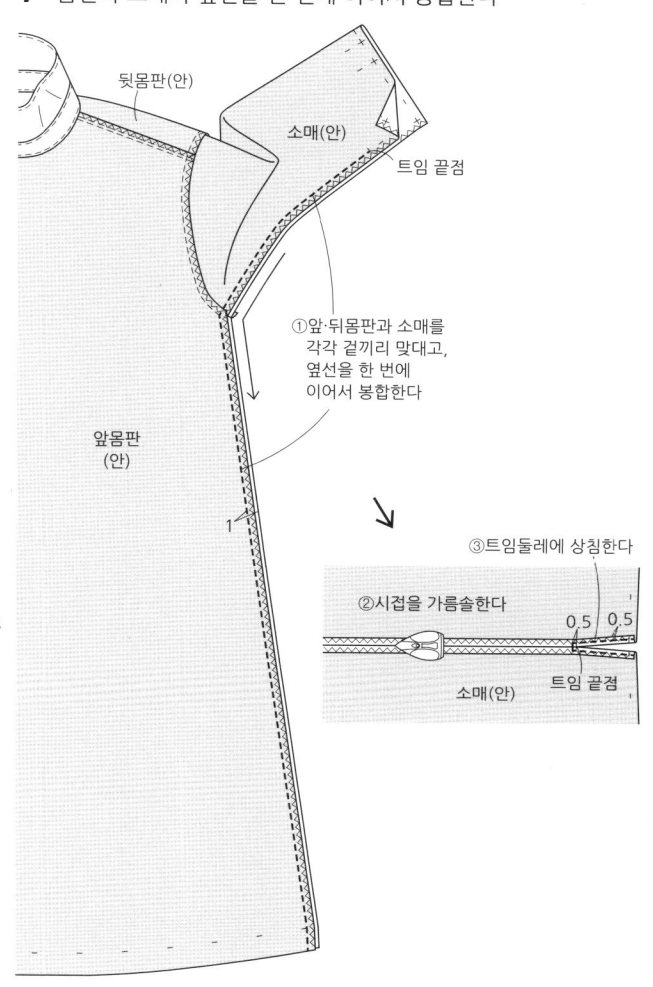

뒷몸판(안)
소매(안)
트임 끝점

①앞·뒤몸판과 소매를 각각 겉끼리 맞대고, 옆선을 한 번에 이어서 봉합한다

앞몸판(안)
1

③트임둘레에 상침한다
②시접을 가름솔한다
0.5 0.5
트임 끝점
소매(안)

8 소매 밑단에 턱을 잡고, 커프스를 단다

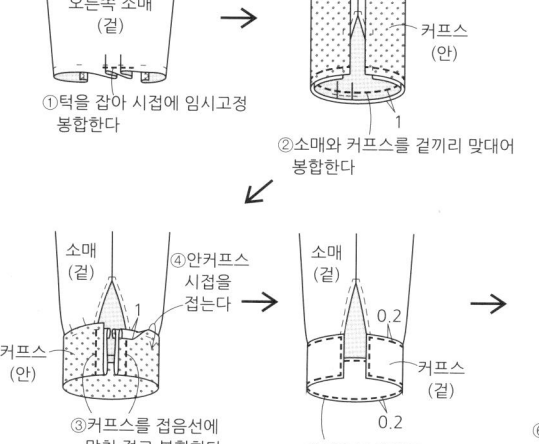

오른쪽 소매(겉)
①턱을 잡아 시접에 임시고정 봉합한다

소매(겉)
커프스(안)
1
②소매와 커프스를 겉끼리 맞대어 봉합한다

소매(겉)
④안커프스 시접을 접는다
1
커프스(안)
③커프스를 접음선에 맞춰 접고 봉합한다

소매(겉)
0.2
커프스(겉)
0.2
⑤겉으로 뒤집고 상침한다

소매(겉)
커프스(겉)
⑥가로로 단춧구멍을 뚫는다
⑦단추를 단다
※반대쪽도 ①~⑦과정과 같은 방법으로 만든다

10 뒷몸판에 단춧구멍을 뚫고, 단추와 스냅 단추, 걸고리를 단다

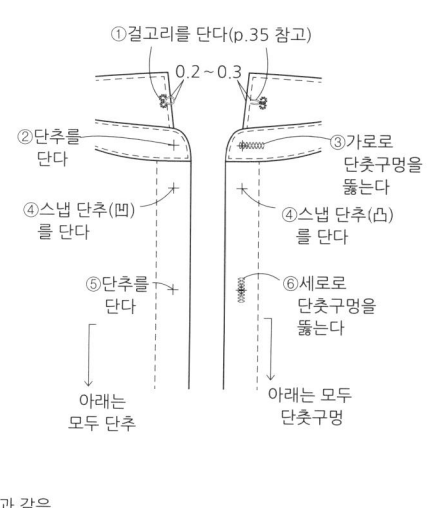

①걸고리를 단다(p.35 참고)
0.2~0.3
②단추를 단다
③가로로 단춧구멍을 뚫는다
④스냅 단추(凹)를 단다
④스냅 단추(凸)를 단다
⑤단추를 단다
⑥세로로 단춧구멍을 뚫는다
아래는 모두 단추
아래는 모두 단춧구멍

I-1

V넥 반소매 원피스

p.20

[완성 사이즈] * 왼쪽에서부터 S / ML / LL 사이즈
가슴둘레 = 128 / 134 / 142㎝
소매길이(목둘레에서부터) = 39.3 / 39.9 / 40.5㎝
옷길이 = 105㎝(원하는 길이에 맞춰 조절한다)

[패턴] 1면 뒤, 주머니는 2면 뒤

[재료] * 모든 사이즈 공통
리넨 = 152㎝폭 x 260㎝
접착심(소잉심지) = 40㎝폭 x 30㎝

[준비]
* 앞몸판의 주머니 입구, 목둘레에 접착심(소잉심지)을 붙인다.
* 앞·뒤몸판의 어깨, 옆선, 주머니의 둘레에 지그재그봉제 또는
  오버록 처리한다 → 재단배치도 참고

[만드는 방법]
1 몸판의 뒷중심에 턱을 잡는다
2 몸판의 어깨를 봉합한다
3 목둘레를 바이어스 처리하고, 몸판의 앞중심에 턱을 잡는다
4 몸판의 옆선에 주머니를 단다 → p.34 참고
5 소매 밑단에 주름을 잡고, 바이어스 처리한다
6 몸판의 밑단을 정리한다

[만드는 방법]

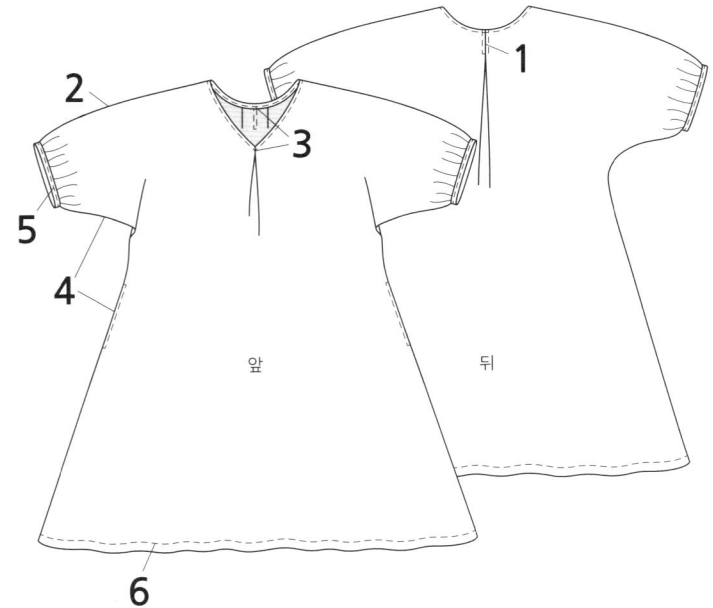

[재단배치도]

* 지정 이외의 시접은 1㎝
* 목둘레 바이어스천, 소매 밑단 바이어스천은 직접 제도하여 사용합니다.
* ▦ 부분에 접착심(소잉심지)을 붙인다
* 요척은 위에서부터 S / ML / LL 사이즈

리넨

골선

목둘레 바이어스천(1장)

(● + ▲ + 1)×2

앞몸판(1장)

소매 밑단 바이어스천(2장)

주머니 입구

1
30
31
32
4

1

1.5

패턴을 이어서 재단한다

3

뒷몸판(1장)

0

패턴을 이어서 재단한다

1.5

1.5

1.5

주머니(4장)

1.5

3

260㎝

152cm폭

---

1 몸판의 뒷중심에 턱을 잡는다

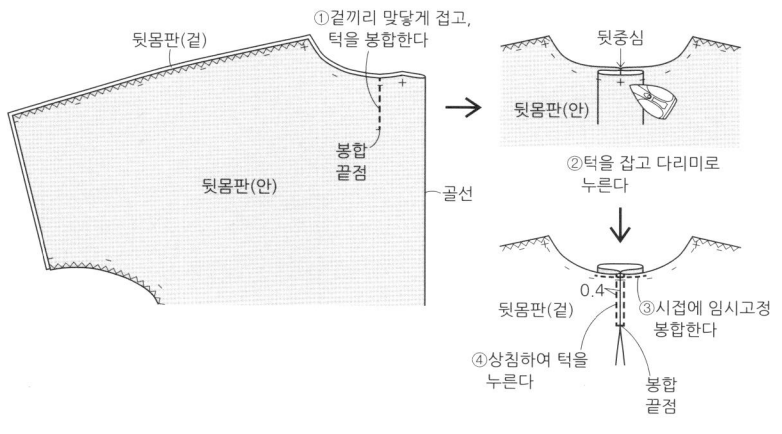

뒷몸판(겉)
①겉끼리 맞닿게 접고, 턱을 봉합한다
봉합 끝점
골선
뒷몸판(안)

뒷중심
뒷몸판(안)

②턱을 잡고 다리미로 누른다

0.4
뒷몸판(겉)
④상침하여 턱을 누른다
③시접에 임시고정 봉합한다
봉합 끝점

2 몸판의 어깨를 봉합한다

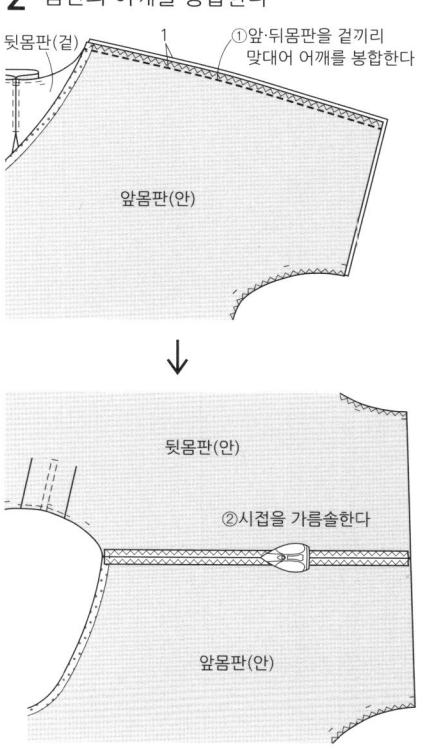

뒷몸판(겉)
①앞·뒤몸판을 겉끼리 맞대어 어깨를 봉합한다
앞몸판(안)

뒷몸판(안)
②시접을 가름솔한다
앞몸판(안)

3 목둘레를 바이어스 처리하고, 몸판의 앞중심에 턱을 잡는다

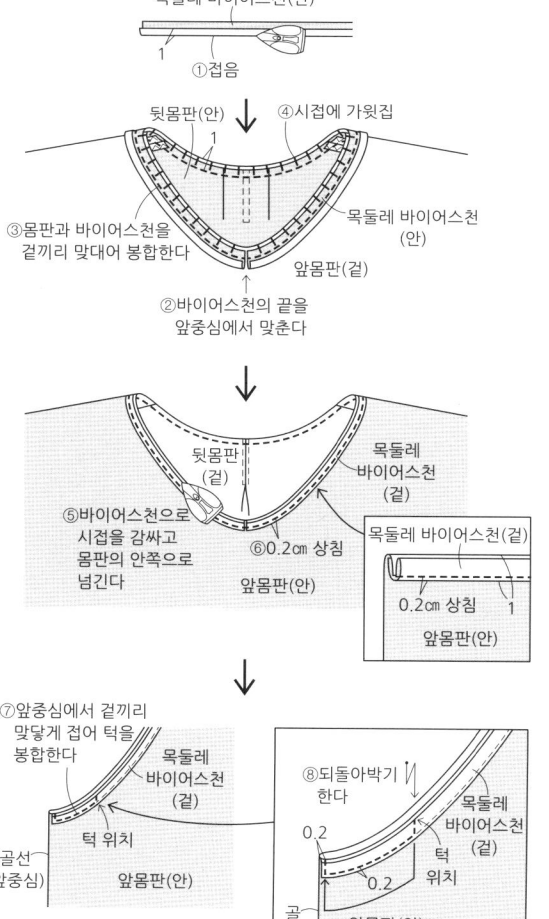

목둘레 바이어스천(안)
1
①접음

뒷몸판(안)
④시접에 가윗집
1
③몸판과 바이어스천을 겉끼리 맞대어 봉합한다
목둘레 바이어스천(안)
앞몸판(겉)
②바이어스천의 끝을 앞중심에서 맞춘다

뒷몸판(겉)
⑤바이어스천으로 시접을 감싸고 몸판의 안쪽으로 넘긴다
목둘레 바이어스천(겉)
⑥0.2㎝ 상침
앞몸판(안)
목둘레 바이어스천(겉)
0.2㎝ 상침
1
앞몸판(안)

⑦앞중심에서 겉끼리 맞닿게 접어 턱을 봉합한다
목둘레 바이어스천(겉)
골선(앞중심)
턱 위치
앞몸판(안)

⑧되돌아박기 한다
0.2
목둘레 바이어스천(겉)
0.2
턱 위치
골선
앞몸판(안)

5 소매 밑단에 주름을 잡고, 바이어스 처리한다

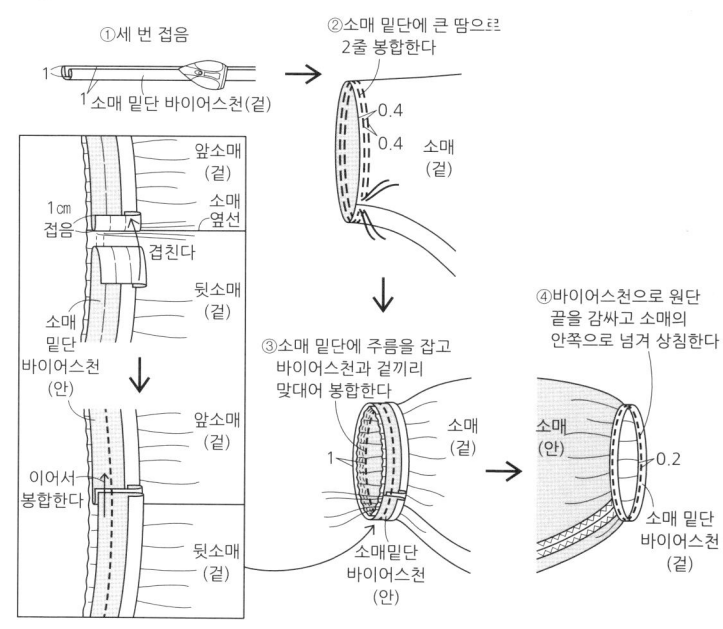

①세 번 접음
1
1 소매 밑단 바이어스천(겉)

②소매 밑단에 큰 땀으로 2줄 봉합한다
0.4
0.4
소매(겉)

앞소매(겉)
소매 옆선
1㎝ 접음
겹친다
뒷소매(겉)
소매 밑단 바이어스천(안)
이어서 봉합한다
앞소매(겉)
뒷소매(겉)
소매밑단 바이어스천(안)

③소매 밑단에 주름을 잡고 바이어스천과 겉끼리 맞대어 봉합한다
1
소매(겉)

④바이어스천으로 원단 끝을 감싸고 소매의 안쪽으로 넘겨 상침한다
소매(안)
0.2
소매 밑단 바이어스천(겉)

6 몸판의 밑단을 정리한다

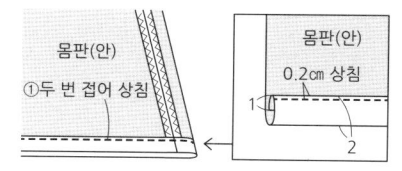

몸판(안)
①두 번 접어 상침
몸판(안)
0.2㎝ 상침
1
2

I-2

V 넥 긴 소매 원피스

p.22

왼쪽 : 울 원피스 / 오른쪽 : 리넨 원피스

[완성 사이즈] ＊왼쪽에서부터 S / ML / LL 사이즈
가슴둘레＝126 / 132 / 140㎝
소매길이(목둘레에서부터)＝61.5 / 62.1 / 62.7㎝
옷길이＝105㎝(원하는 길이에 맞춰 조절한다)

[패턴] 1면 뒤, 주머니는 2면 뒤

[울 원피스 재료] ＊모든 사이즈 공통
울＝112㎝폭 x 460㎝
코튼＝60㎝폭 x 60㎝
접착심(소잉심지)＝40㎝폭 × 30㎝

[리넨 원피스 재료] ＊모든 사이즈 공통
리넨＝112㎝폭 x 460㎝
접착심(소잉심지)＝40㎝폭 × 30㎝

[준비]
＊앞몸판의 주머니 입구, 목둘레에 접착심(소잉심지)을 붙인다.
＊앞·뒤몸판의 중심, 어깨, 옆선, 주머니의 둘레에 지그재그봉제 또는
　오버록 처리한다 → 재단배치도 참고

[만드는 방법]
1 몸판의 뒷중심을 봉합하고, 턱을 잡는다
2 몸판의 앞중심을 봉합한다 → p.64-1-①~② 참고
3 몸판의 어깨를 봉합한다 → p.63-2 참고
4 목둘레를 바이어스 처리하고, 몸판의 앞중심에 턱을 잡는다
　 → p.63-3 참고
5 몸판의 옆선에 주머니를 단다 → p.34 참고
6 소매의 밑단을 정리한다
7 몸판의 밑단을 정리한다 → p.63-6 참고

[만드는 방법]

1 몸판의 뒷중심을 봉합하고, 턱을 잡는다

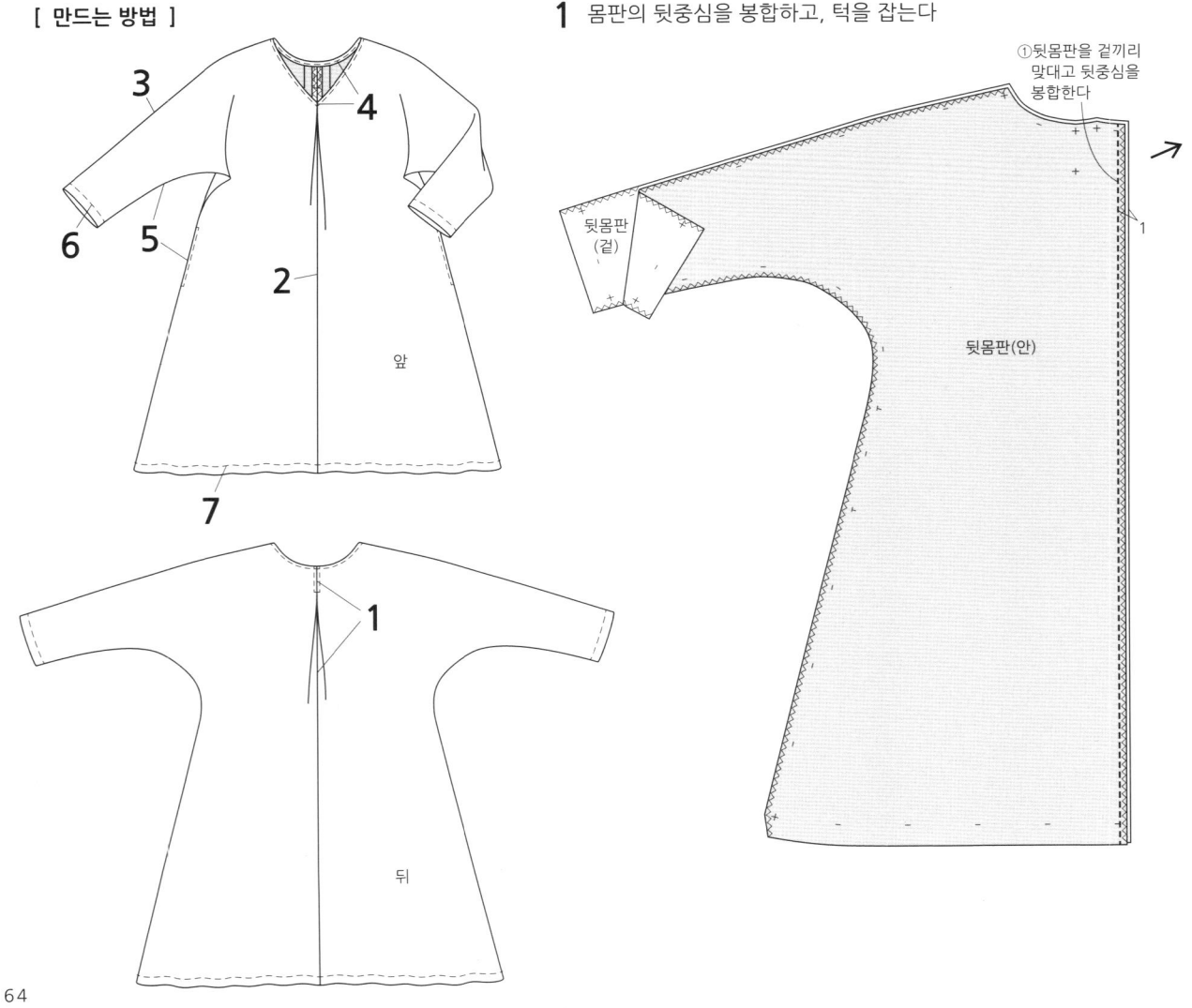

①뒷몸판을 겉끼리
맞대고 뒷중심을
봉합한다

뒷몸판
(겉)

뒷몸판(안)

앞

뒤

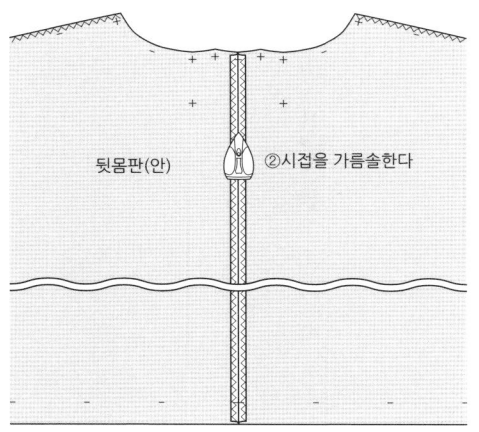

뒷몸판(안)

②시접을 가름솔한다

↓

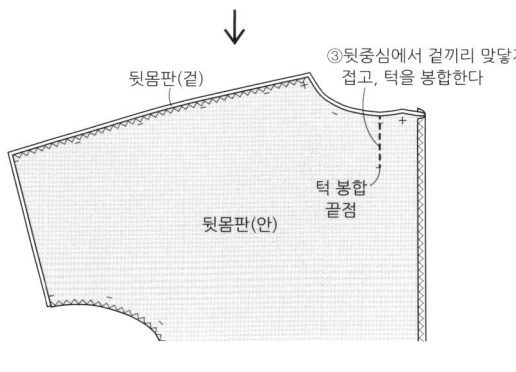

뒷몸판(겉)

③뒷중심에서 겉끼리 맞닿게 접고, 턱을 봉합한다

뒷몸판(안)

턱 봉합 끝점

↓

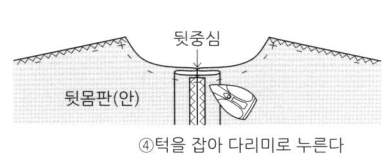

뒷중심

뒷몸판(안)

④턱을 잡아 다리미로 누른다

↓

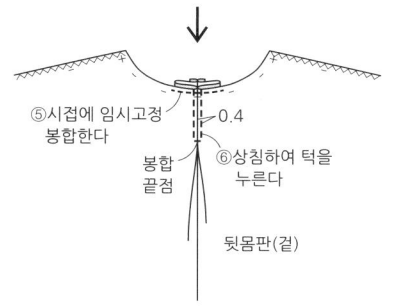

뒷몸판(안)

⑤시접에 임시고정 봉합한다

0.4

봉합 끝점

⑥상침하여 턱을 누른다

뒷몸판(겉)

6 소매의 밑단을 정리한다

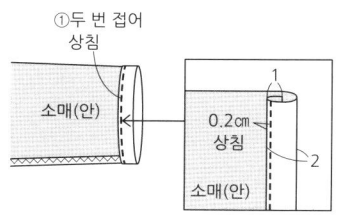

①두 번 접어 상침

소매(안)

0.2㎝ 상침

소매(안)

1

2

[재단배치도]

* 지정 이외의 시접은 1 ㎝
* 목둘레 바이어스천은 직접 제도하여 사용합니다.
* ▨ 부분에 접착심(소잉심지)을 붙인다
* 요척은 위에서부터 S / M L / LL 사이즈

울 / 리넨

골선

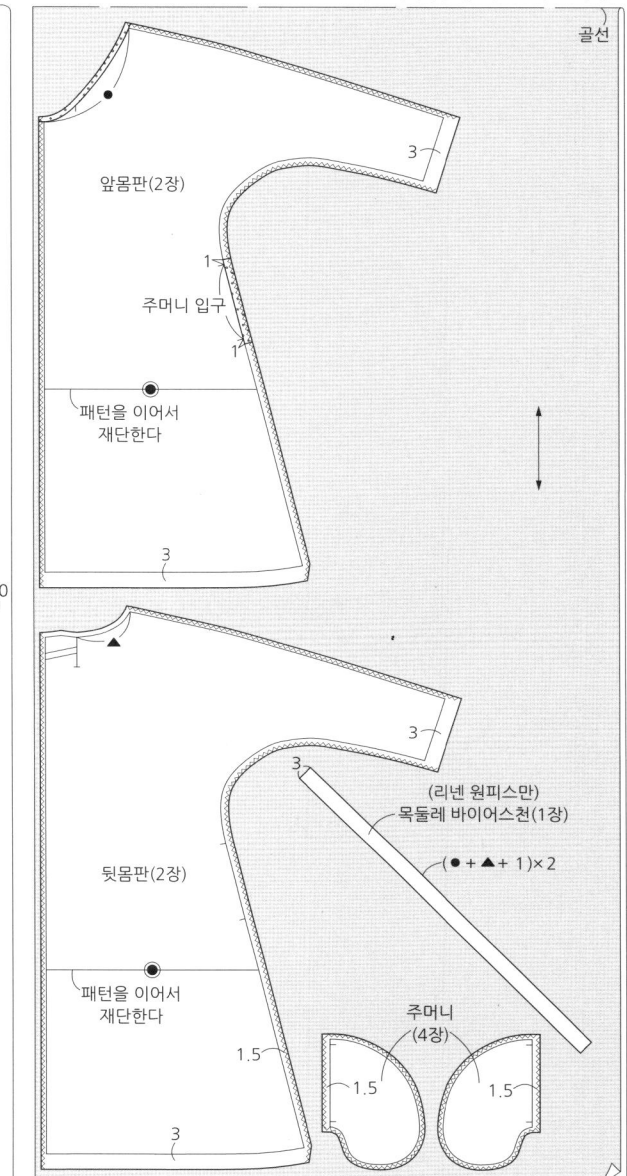

460㎝

앞몸판(2장)

3

1

주머니 입구

1

패턴을 이어서 재단한다

3

▲

1

3

3

(리넨 원피스만)
목둘레 바이어스천(1장)

(● + ▲ + 1)×2

뒷몸판(2장)

패턴을 이어서 재단한다

1.5

3

주머니 (4장)

1.5

1.5

3

112㎝폭

(울 원피스만)
코튼

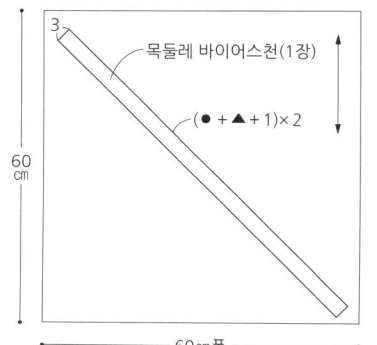

3

목둘레 바이어스천(1장)

(● + ▲ + 1)×2

60㎝

60㎝폭

65

L

에이프런 원피스

p.30

[완성 사이즈] * 프리사이즈
허리둘레 = 80 ~ 120㎝
옷길이(어깨에서부터) = 109.5㎝ ~ 114.5㎝

[패턴] 1면 앞

[재료]
리넨 = 152㎝폭 x 185㎝
접착심(소잉심지) = 60㎝폭 × 60㎝
고무줄 = 0.6㎝폭 x 30㎝
단추 = 1㎝폭 4개

[준비]
* 주머니의 입구, 어깨끈에 접착심(소잉심지)을 붙인다.
  → 재단배치도 참고

[만드는 방법]
1 주머니를 만들어 스커트에 단다
2 가슴덧단을 만든다
3 어깨끈을 만들고, 가슴덧단과 연결한다
4 앞스커트에 주름을 잡고(→ p.34 참고), 가슴덧단, 안허리밴드와
  연결한다
5 뒷스커트의 허리를 정리하고, 단추를 달아 고무줄을 통과시킨다
6 스커트의 옆선을 봉합한다
7 앞허리둘레의 시접을 안허리밴드로 감싼다
8 스커트의 밑단을 1㎝ / 2㎝ 두 번 접어 0.2㎝ 간격으로 상침한다
  → p.33 참고

[재단배치도]

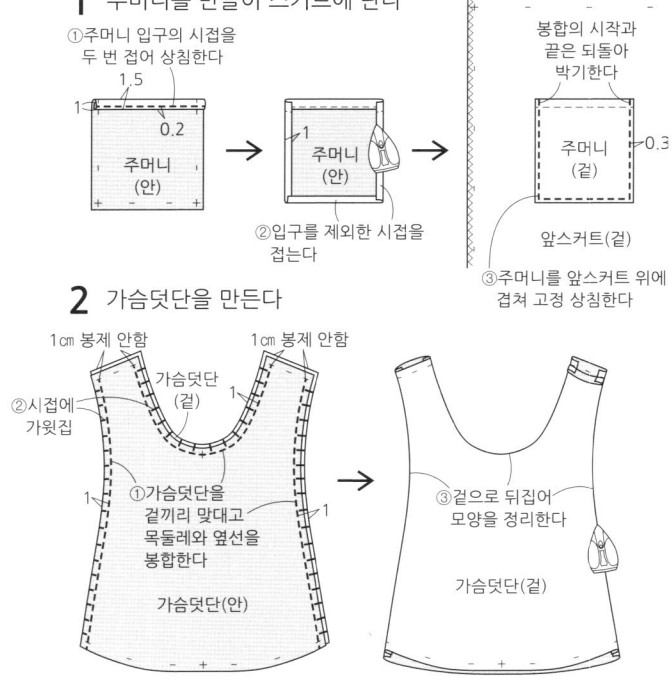

[만드는 방법]

1 주머니를 만들어 스커트에 단다

2 가슴덧단을 만든다

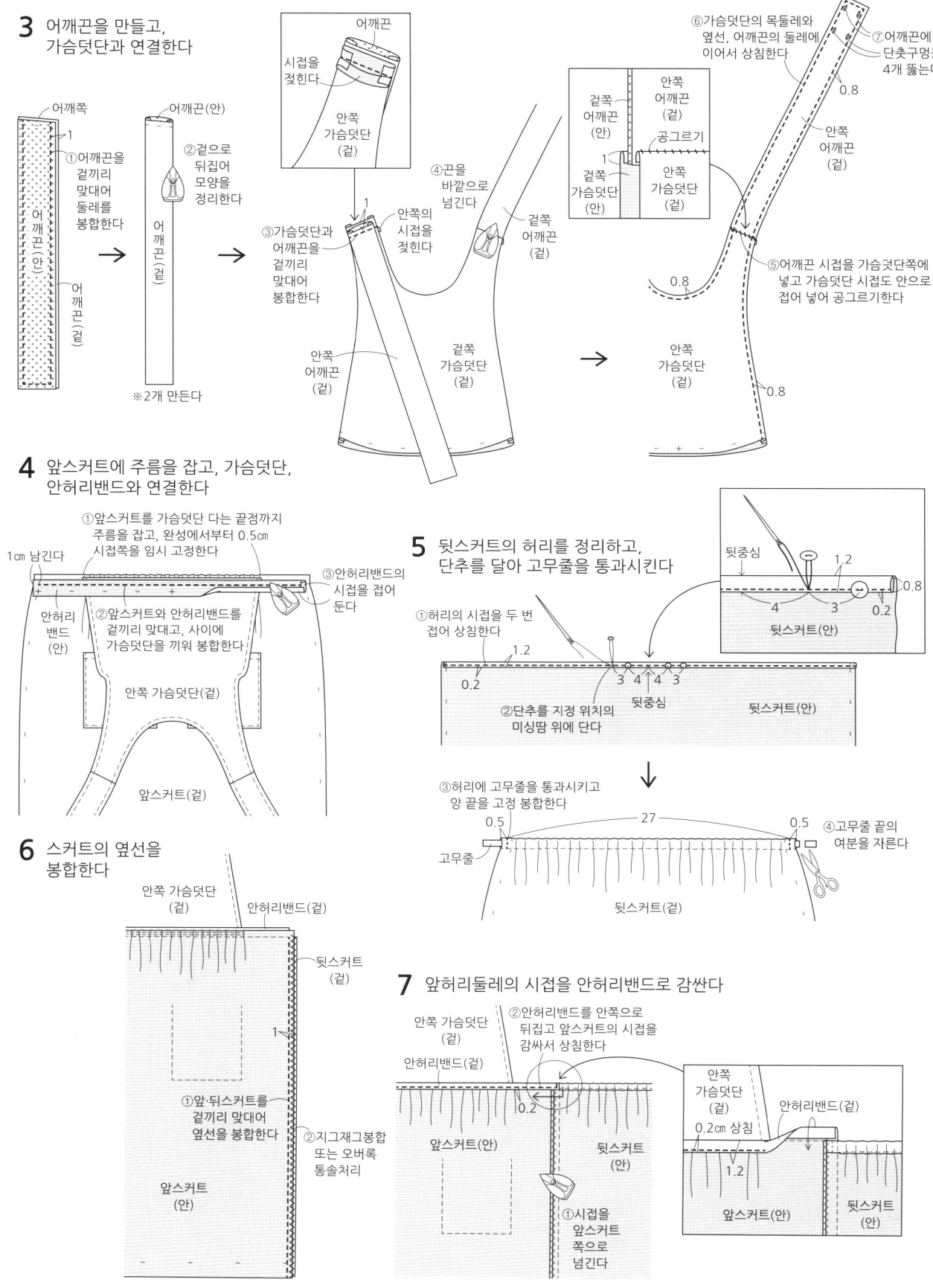

3 어깨끈을 만들고,
가슴덧단과 연결한다

어깨쪽
①어깨끈을 겉끼리 맞대어 둘레를 봉합한다
어깨끈(안)
어깨끈(겉)

어깨끈(안)
②겉으로 뒤집어 모양을 정리한다
어깨끈(겉)
※2개 만든다

어깨끈
시접을 젖힌다
안쪽 가슴덧단(겉)

③가슴덧단과 어깨끈을 겉끼리 맞대어 봉합한다
안쪽의 시접을 젖힌다

④끈을 바깥으로 넘긴다
겉쪽 어깨끈(겉)

안쪽 어깨끈(겉)
겉쪽 가슴덧단(겉)

⑥가슴덧단의 목둘레와 옆선, 어깨끈의 둘레에 이어서 상침한다
⑦어깨끈에 단춧구멍을 4개 뚫는다
0.8
안쪽 어깨끈(겉)

겉쪽 어깨끈(안)
안쪽 어깨끈(겉)
공그르기
겉쪽 가슴덧단(안)
안쪽 가슴덧단(겉)

0.8
⑤어깨끈 시접을 가슴덧단쪽에 넣고 가슴덧단 시접도 안으로 접어 넣어 공그르기한다

안쪽 가슴덧단(겉)
0.8

4 앞스커트에 주름을 잡고, 가슴덧단,
안허리밴드와 연결한다

①앞스커트를 가슴덧단 다는 끝점까지 주름을 잡고, 완성에서부터 0.5cm 시접쪽을 임시 고정한다
1cm 남긴다
③안허리밴드의 시접을 접어 둔다
안허리밴드(안)
②앞스커트와 안허리밴드를 겉끼리 맞대고, 사이에 가슴덧단을 끼워 봉합한다
안쪽 가슴덧단(겉)
앞스커트(겉)

5 뒷스커트의 허리를 정리하고,
단추를 달아 고무줄을 통과시킨다

뒷중심
1.2
4 3
0.8
0.2
뒷스커트(안)

①허리의 시접을 두 번 접어 상침한다
1.2
0.2
②단추를 지정 위치의 미싱땀 위에 단다
3 4 4 3
뒷중심
뒷스커트(안)

③허리에 고무줄을 통과시키고 양 끝을 고정 봉합한다
0.5
27
0.5
④고무줄 끝의 여분을 자른다
고무줄
뒷스커트(겉)

6 스커트의 옆선을
봉합한다

안쪽 가슴덧단(겉)
안허리밴드(겉)
뒷스커트(겉)
1
①앞·뒤스커트를 겉끼리 맞대어 옆선을 봉합한다
②지그재그봉합 또는 오버록 통솔처리
앞스커트(안)

7 앞허리둘레의 시접을 안허리밴드로 감싼다

안쪽 가슴덧단(겉)
안허리밴드(겉)
②안허리밴드를 안쪽으로 뒤집고 앞스커트의 시접을 감싸서 상침한다
0.2
앞스커트(안)
뒷스커트(안)
①시접을 앞스커트 쪽으로 넘긴다

안쪽 가슴덧단(겉)
안허리밴드(겉)
0.2cm 상침
1.2
앞스커트(안)
뒷스커트(안)

M

스탠드 칼라 데님 원피스

p.32

[완성 사이즈]　*왼쪽에서부터 S / ML / LL 사이즈
가슴둘레 = 121 / 127 / 135㎝
소매길이 = 11 / 11 / 11㎝
옷길이 = 112.5㎝(원하는 길이에 맞춰 조절한다)

[패턴]　1면 앞, 주머니는 1면 뒤

[재료]　*왼쪽에서부터 S / ML / LL 사이즈
하프 리넨 데님 = 110㎝폭 × 280 / 280 / 285㎝
접착심(소잉심지) = 80㎝폭 × 50㎝

[준비]
* 주머니의 입구 안쪽에 접착심(소잉심지)을 붙인다.
* 앞몸판의 안덧단, 겉·안칼라는 겉쪽에 접착심(소잉심지)을 붙인다.
* 앞·뒤몸판의 어깨, 옆선, 소매의 옆선, 소매산에 지그재그봉제 또는
　오버록 처리한다 → 재단배치도 참고

[만드는 방법]
1 주머니를 만들어 몸판에 단다 → p.55-1 참고
2 앞덧단을 만든다
3 뒷몸판에 주름을 잡는다
4 몸판의 어깨를 봉합한다 → p.63-2 참고
5 칼라를 만들어 몸판에 단다
6 몸판의 옆선을 봉합한다
7 소매를 만들어 몸판에 단다
8 몸판의 밑단을 1㎝ / 2㎝ 두 번 접어 0.2㎝ 간격으로 상침한다
　→ p.33 참고

[만드는 방법]

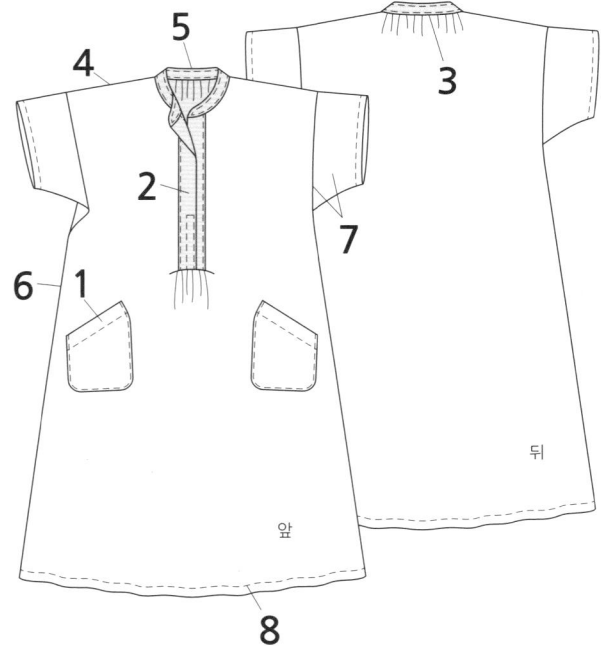

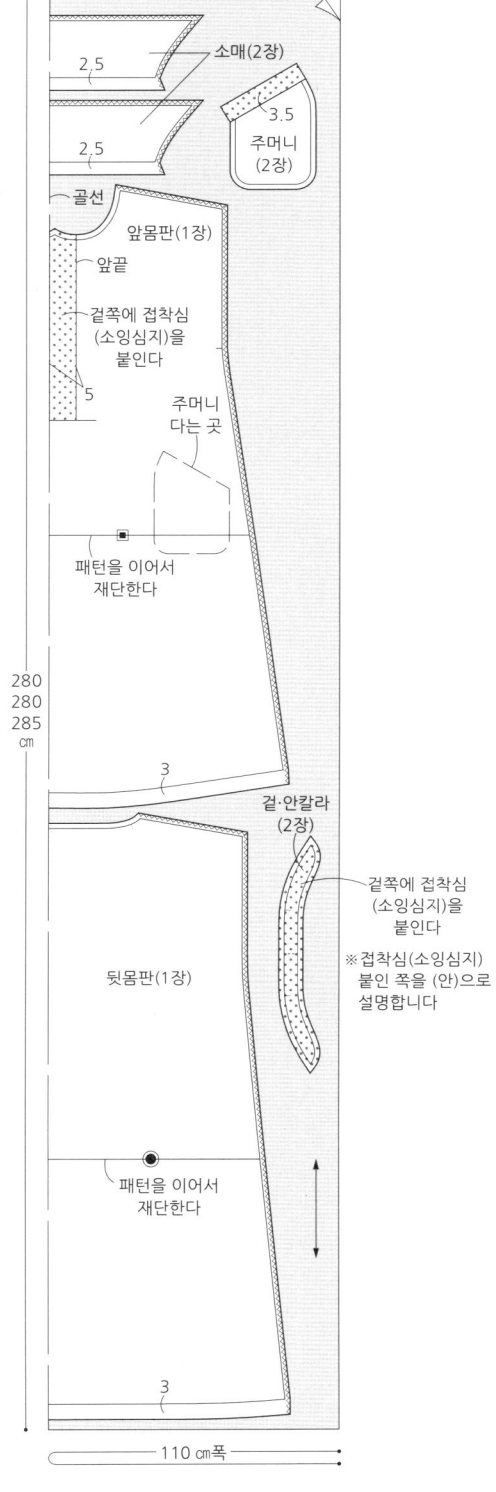

2 앞덧단을 만든다

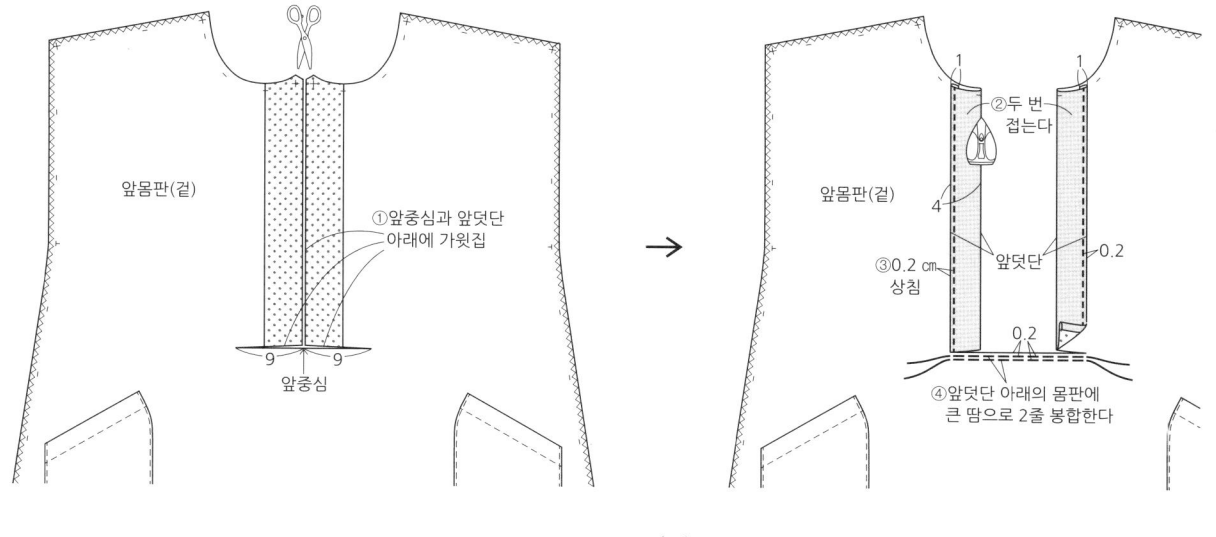

앞몸판(겉)

①앞중심과 앞덧단 아래에 가윗집

9　9

앞중심

②두 번 접는다

앞몸판(겉)

③0.2 cm 상침

앞덧단

0.2

1　1

4

0.2

④앞덧단 아래의 몸판에 큰 땀으로 2줄 봉합한다

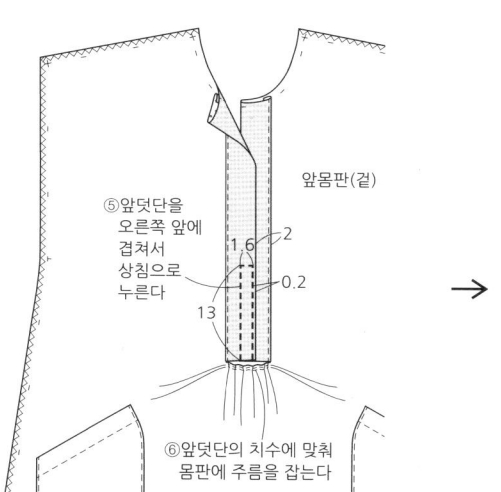

앞몸판(겉)

⑤앞덧단을 오른쪽 앞에 겹쳐서 상침으로 누른다

2

1.6

0.2

13

⑥앞덧단의 치수에 맞춰 몸판에 주름을 잡는다

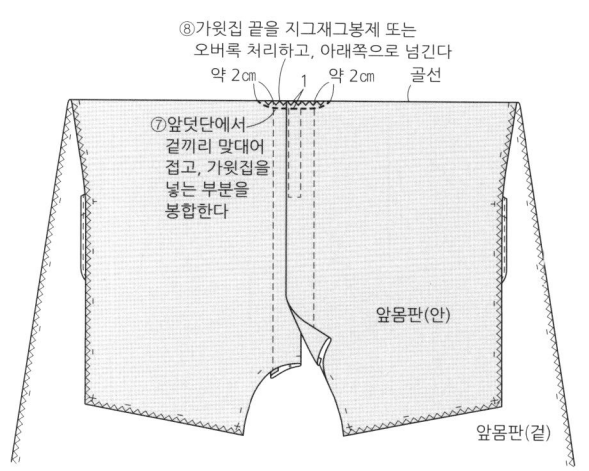

⑧가윗집 끝을 지그재그봉제 또는 오버록 처리하고, 아래쪽으로 넘긴다

약 2cm　1　약 2cm　골선

⑦앞덧단에서 겉끼리 맞대어 접고, 가윗집을 넣는 부분을 봉합한다

앞몸판(안)

앞몸판(겉)

3 뒷몸판에 주름을 잡는다

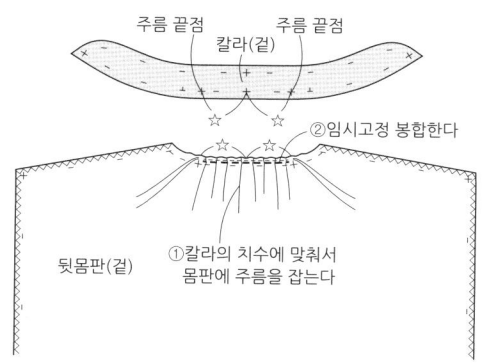

주름 끝점　주름 끝점

칼라(겉)

②임시고정 봉합한다

①칼라의 치수에 맞춰서 몸판에 주름을 잡는다

뒷몸판(겉)

5 칼라를 만들어 몸판에 단다

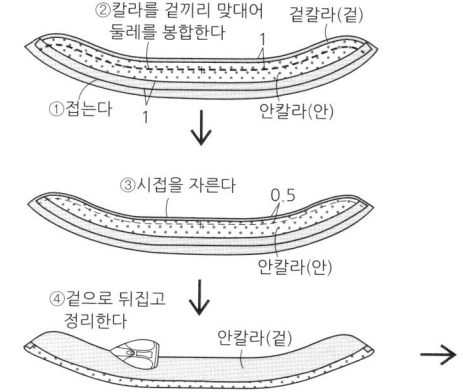

②칼라를 겉끼리 맞대어 둘레를 봉합한다

겉칼라(겉)

1

①접는다　1

안칼라(안)

③시접을 자른다　0.5

안칼라(안)

④겉으로 뒤집고 정리한다

안칼라(겉)

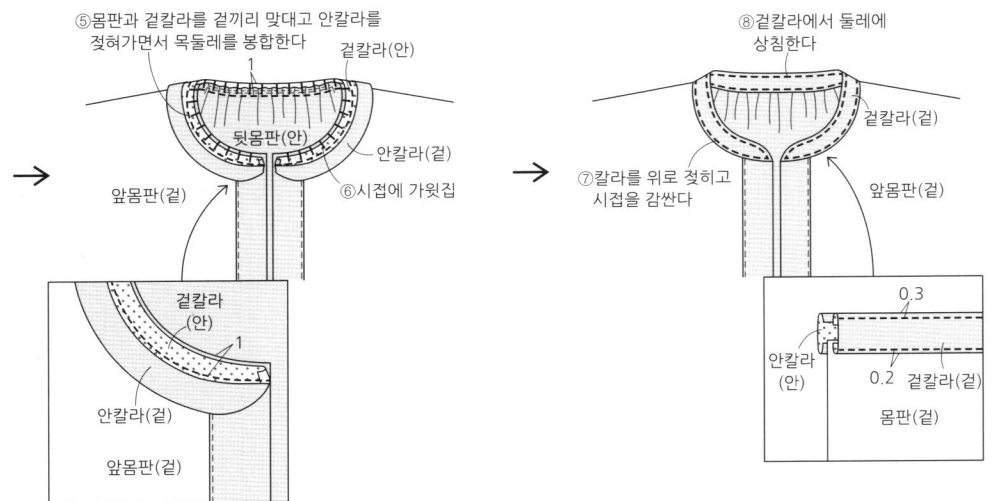

⑤몸판과 겉칼라를 겉끼리 맞대고 안칼라를
젖혀가면서 목둘레를 봉합한다

겉칼라(안)

겉칼라

뒷몸판(안)

안칼라(겉)

앞몸판(겉)

⑥시접에 가윗집

겉칼라
(안)

1

안칼라(겉)

앞몸판(겉)

⑧겉칼라에서 둘레에
상침한다

겉칼라(겉)

앞몸판(겉)

⑦칼라를 위로 젖히고
시접을 감싼다

0.3

안칼라
(안)

0.2 겉칼라(겉)

몸판(겉)

6 몸판의 옆선을 봉합한다

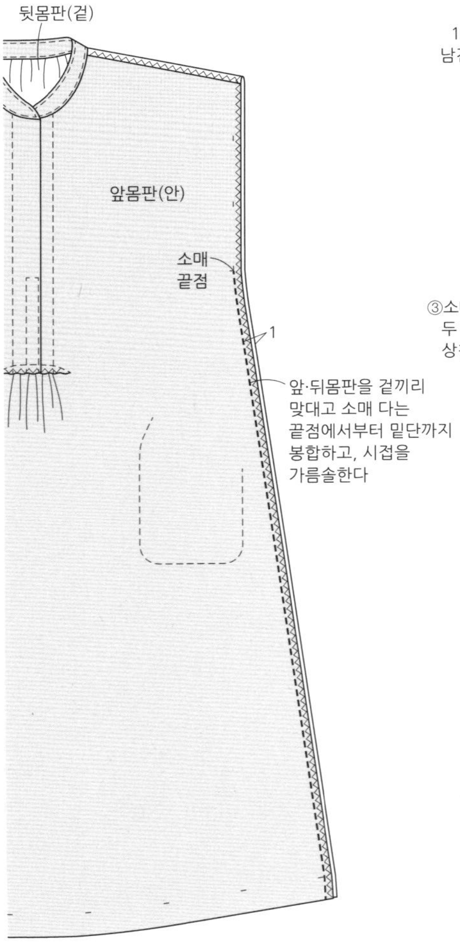

뒷몸판(겉)

앞몸판(안)

소매
끝점

1

앞·뒤몸판을 겉끼리
맞대고 소매 다는
끝점에서부터 밑단까지
봉합하고, 시접을
가름솔한다

7 소매를 만들어 몸판에 단다

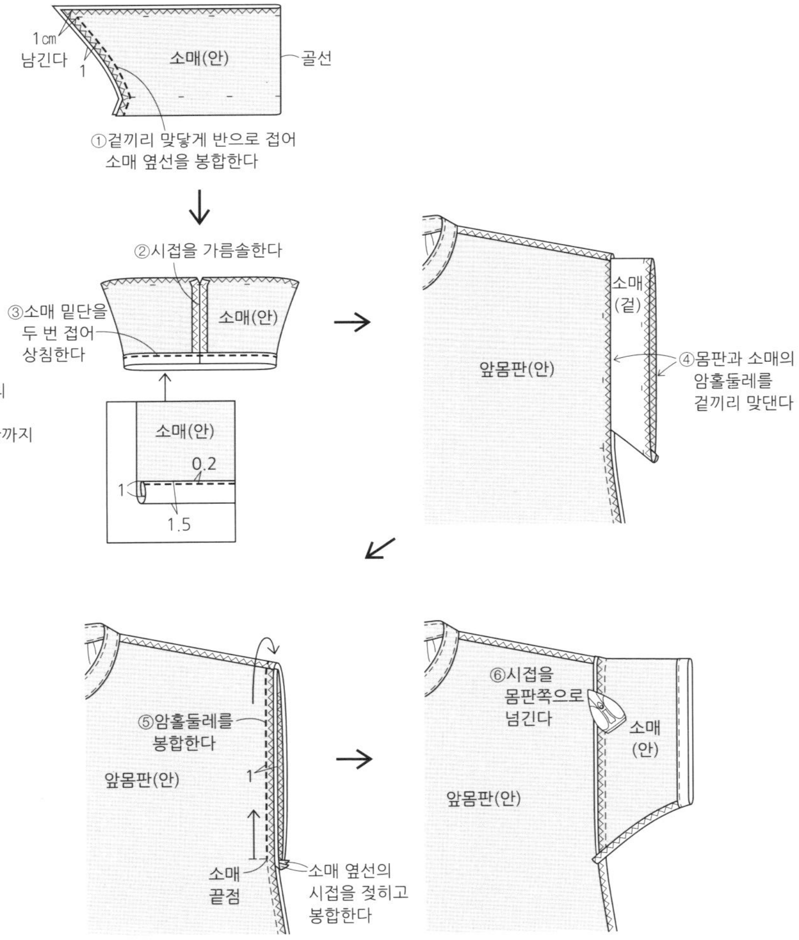

1cm
남긴다

1

소매(안)

골선

①겉끼리 맞닿게 반으로 접어
소매 옆선을 봉합한다

②시접을 가름솔한다

③소매 밑단을
두 번 접어
상침한다

소매(안)

소매(안)

0.2

1

1.5

소매
(겉)

앞몸판(안)

④몸판과 소매의
암홀둘레를
겉끼리 맞댄다

⑤암홀둘레를
봉합한다

앞몸판(안)

1

소매
끝점

소매 옆선의
시접을 젖히고
봉합한다

⑥시접을
몸판쪽으로
넘긴다

소매
(안)

앞몸판(안)

N

페티코트

p.02

[**완성 사이즈**] * 왼쪽에서부터 S / ML / LL 사이즈
허리둘레 = 54~81 / 60~90 / 68~102㎝
스커트길이 = 60㎝(원하는 길이에 맞춰 조절한다)

[**패턴**] 1면 앞

[**재료**] * 고무줄 이외에는 모든 사이즈 공통
얇은 코튼 = 110㎝폭 x 140㎝
면 테이프 = 1㎝폭 x 30㎝ 2개
고무줄 = 1.2㎝폭 x 56 / 62 / 70㎝

[**준비**]
* 앞·뒤스커트의 옆선에 지그재그봉제 또는 오버록 처리한다
  → 재단배치도 참고

[**만드는 방법**]
1 스커트의 옆선을 봉합하고 트임을 정리한다
2 스커트의 밑단을 정리한다
3 면 테이프를 끼워 허리둘레를 정리한다
4 허리둘레에 고무줄을 통과시킨다

[재단배치도]

* 지정 이외의 시접은 1㎝
* 요척은 S / ML / LL 사이즈 공통

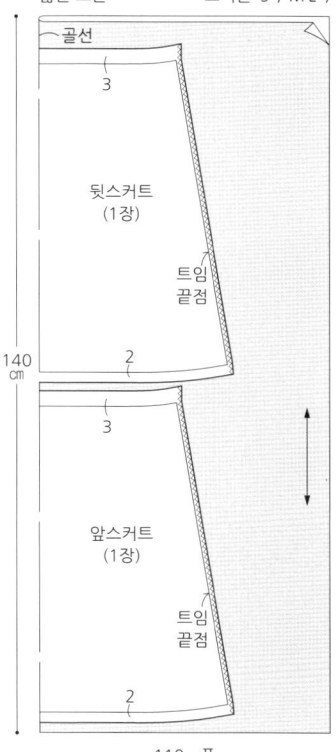

얇은 코튼

골선
뒷스커트
(1장)
트임
끝점
앞스커트
(1장)
트임
끝점
140㎝
110㎝폭

[**만드는 방법**]

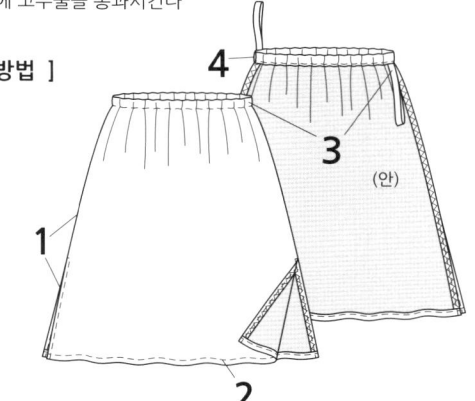

(안)

1 스커트의 옆선을 봉합하고 트임을 정리한다

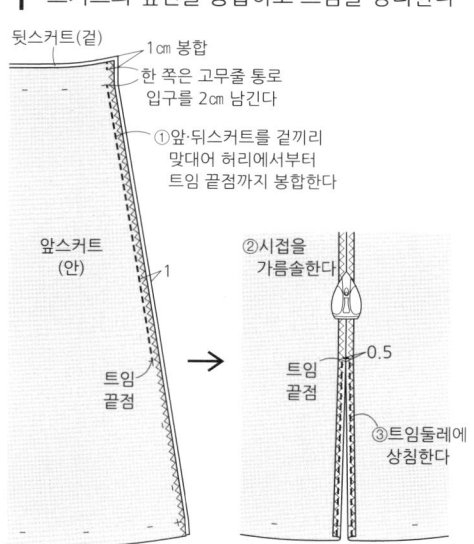

뒷스커트(겉)
1㎝ 봉합
한 쪽은 고무줄 통로
입구를 2㎝ 남긴다
①앞·뒤스커트를 겉끼리
맞대어 허리에서부터
트임 끝점까지 봉합한다
앞스커트
(안)
1
트임
끝점
②시접을
가름솔한다
0.5
트임
끝점
③트임둘레에
상침한다

2 스커트의 밑단을
정리한다

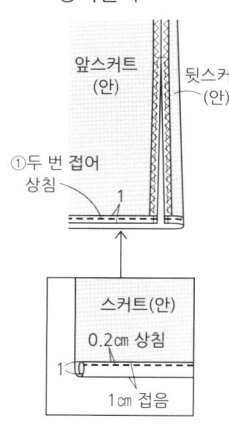

앞스커트
(안)
뒷스커트
(안)
①두 번 접어
상침
1
스커트(안)
0.2㎝ 상침
1㎝ 접음

3 면 테이프를 끼워 허리둘레를 정리한다

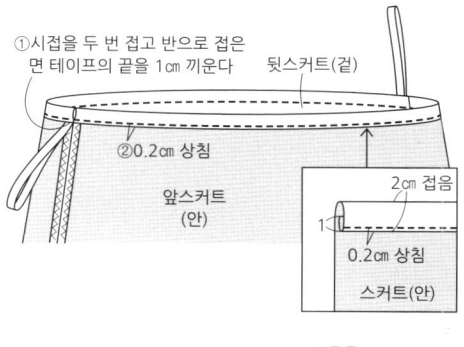

①시접을 두 번 접고 반으로 접은
면 테이프의 끝을 1㎝ 끼운다
뒷스커트(겉)
②0.2㎝ 상침
앞스커트
(안)
2㎝ 접음
1
0.2㎝ 상침
스커트(안)

4 허리둘레에 고무줄을
통과시킨다

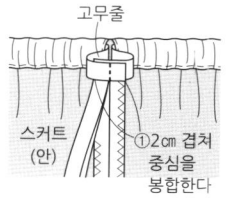

고무줄
스커트
(안)
①2㎝ 겹쳐
중심을
봉합한다

마노 아키코

봉제점에서 태어나 어린 시절부터 봉제를 가까이했다. 출산을 계기로 아이 옷을 만들기 시작해 본격적으로 패턴을 배웠다. 서적, 잡지 등에서 아이 옷이나 소품 작품을 선보이고, 심플하고 귀여운 디자인으로 호평을 받았다. 최근에는 아이 옷뿐만 아니라 여성복을 제작하여 선보이고 있다.

소잉으로 만드는 사계절 원피스

1판 1쇄 인쇄   2019년 08월 29일
1판 1쇄 발행   2019년 09월 09일

발행인	정용효
기획	이슬희, 유윤경, 최의선
번역	손수현
감수	브라이언
편집	전하리
인쇄	웰컴P&P

신고번호	제2016-000002호
신고일자	2016년 01월 26일
발행처	(주)핸디스 소잉스토리
	광주광역시 북구 서암대로 133(신안동), 3층

대표전화	062_513_8957
팩스	062_522_8827
문의전화	070_8893_9218
홈페이지	www.sewingstory.com

Printed in Korea
ISBN   979-11-88062-25-6 13590
판매가   16,000원

STAFF

북디자인	knoma
촬영	枦木 功 (nomadica)
스타일링	大橋利枝子
헤어&메이크업	宮本佳和 (Perle)
모델	ジェニファー中山、リンジー、サクラマヤミチキ
본문 디지털 트레이스	文化フォトタイプ
실물크기 패턴 그레이딩	上野和博
패턴 트레이싱	アズワン (白井史子)
교열	向井雅子
만드는 방법 편집	髙井法子
편집	田中 薫 (文化出版局)
발행	大沼 淳
발행소	学校法人文化学園 文化出版局

ICHINENJU ONE PIECE by Akiko Mano
Copyright © Akiko Mano 2017
All rights reserved.
Original Japanese edition published by EDUCATIONAL
FOUNDATION BUNKA GAKUEN BUNKA PUBLISHING BUREAU.

This Korean edition is published by arrangement with
EDUCATIONAL FOUNDATION BUNKA GAKUEN BUNKA
PUBLISHING BUREAU, Tokyo
in care of Tuttle-Mori Agency, Inc., Tokyo through Botong
Agency, Seoul.